謹以此書　獻給

一直鼓勵支持我的家人

何志滌牧師

何凝

高偉良

並給我無限靈感與歡樂的乖孫

高希信

知己莫若我

成為此刻的自己，走過高山低谷後的25個內心對話

羅乃萱——著

知己莫若我

成為此刻的自己，
走過高山低谷後的
25個內心對話

作　　者　羅乃萱 Shirley Loo

責　　編　梁冠霆 Lawrence Leung、黃婉婷 Josie Wong
書　　裝　奇文雲海．設計顧問
出　　版　印象文字 InPress Books
香港火炭坳背灣街二十六號富騰工業中心一零一一室
(852) 2687 0331　info@inpress.com.hk　http://www.inpress.com.hk
InPress Books is part of Logos Ministries
(a non-profit & charitable organization)　http://www.logos.org.hk
發　　行　基道出版社 Logos Publishers
(852) 2687 0331　info@logos.com.hk　https://www.logos.com.hk
承　　印　陽光（彩美）印刷公司
出版日期　二零二零年七月初版
產品編號　IB606
國際書號　978-962-457-610-8

Published & Printed in Hong Kong

刷次　10　9　8　7　6　5　4　3　2　1
年份　29　28　27　26　25　24　23　22　21　20

Logos BookFinder

InPress Books

目錄

contents

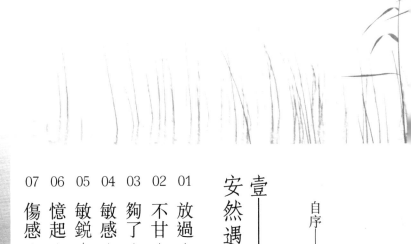

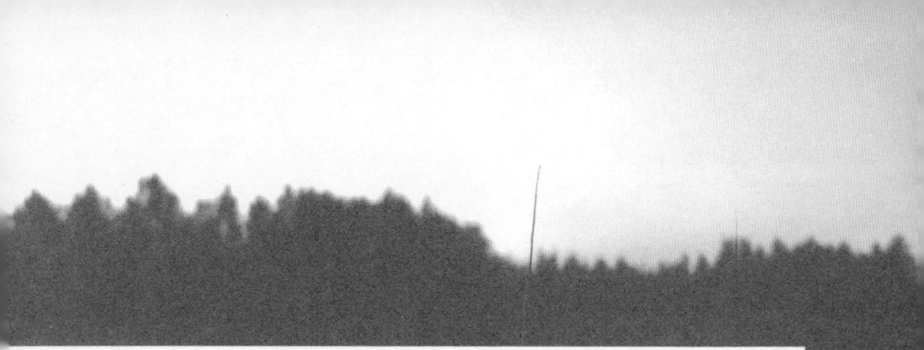

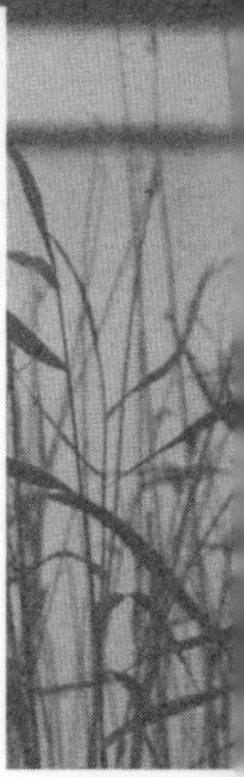

貳——歷練中的進退與領悟

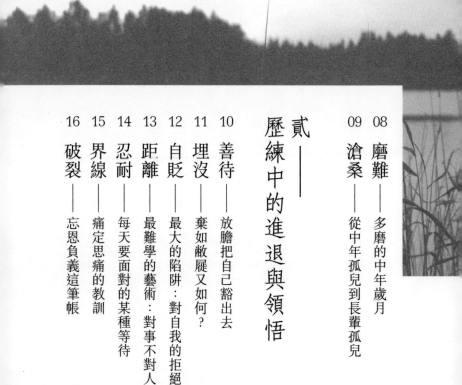

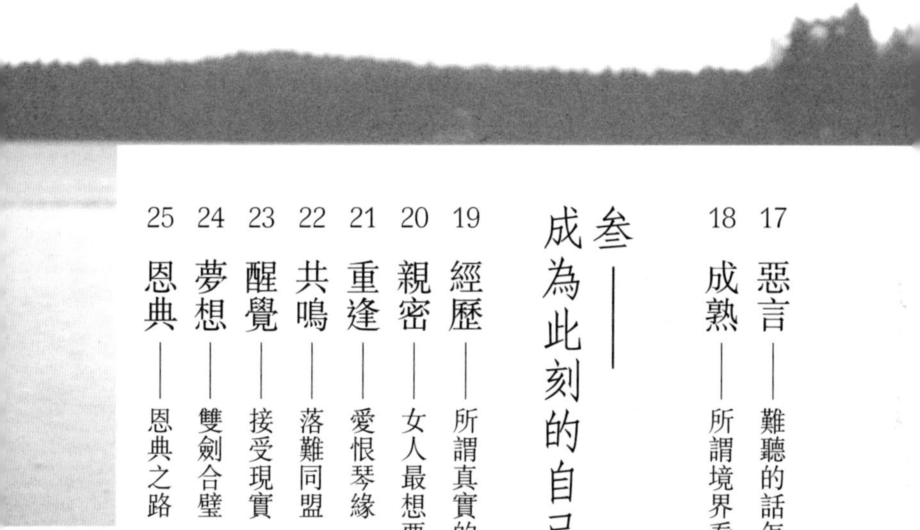

自序　知己莫若我

每一趟出書，都猶疑該否重新寫稿還是舊稿彙編。因為自己寫臉書又寫專欄，儲起來的字數已過十多二十萬字，照計編輯成書非難事。

但偏偏，心中卻有股不吐不快的癮頭。這本書的文稿，本來是找了好些臉書文章輯成，跟編輯多番討論，總是覺得能重新寫過更好。但問題是，已有一本《好一個我》，這本要朝怎樣的向度去寫？個人經歷，靈修分享，書籍介紹……

突然，有種恍然大悟的一觸，就是從「老娘角度」來寫。所謂「老娘」，是真正到了「知己莫若我」的年齡，**不怕真我流露，更不忌諱講出心底話**。所以，編輯像開了一道隨意門給我，想寫甚麼就寫，一直寫到停為止。先不理篇章，也不限字數，更不限題材：

如果文章真的被神的話語感動，就寫吧！

真的有一本書提點了我，寫吧！

真的有一句話敲醒了我，就引用吧！

如此這般，在兩個星期內，超額完成了。原來能自由書寫，暢所欲言，是那麼自由的。

如果用味道來形容這本書？哈哈，就是甜酸苦辣都有，但

這趟，有點加辣。那是因為下筆時，不再迴避一些面對過的人和事，偶而也會頂頂嘴，請留意文中的括號，很多時候都是別有用意的。

如果用心情來描述寫這本書的感受？我會用喚醒。還記得多少個早上，我是被一些意念喚醒，大清早就跑到書桌前拼命打字，直至意念盡顯在字裏行間，寫完了，心頭像放下一塊大石。

不過這趟要特別感謝編輯冠霆的耐心引導，我是個「多心」又愛「胡思亂想」的作者，一時想到這個寫法，一時又玩那個，像個停不下來的頑童。思緒與想法蹦蹦跳跳的，不容易抓緊。但在編輯的引導與鼓勵下，這一字一句也愈寫愈能隨心所欲。如今看見這本書能出版，有種大功告成的興奮。

是的，我的人生並不算順暢，走過許多高山低谷，也見盡不少人情冷暖，但如今仍保有赤子之心，待人以誠，因為深深經歷上主的厚恩與家人的支持和愛護。

此刻的我，安好，自在，滿足。

也深深盼望這二十五篇內心的對話反思，能幫助此刻在高山低谷猶疑的你。

壹

安然
遇見自己

真正的安然，
是跟人生的風暴扯上關係。
風浪中我們要面對和接受的，
是那個脆弱的自己。

01
Inner voice
放過

做人，先要放過自己。
不要對自己苦苦相逼，
逼自己成為別人眼中的人。
放過，其實是一件很瀟灑且在一念之間的美事。

不要再勉強自己

中年以後，頻頻聽到身邊的人說：活到這把年紀了，不要也不能再勉強自己。說話的，大概是女性居多。

為甚麼？因為我們都習慣不爭不鬧，人家叫我們做甚麼，想也不想就答應。在我生長的那個年代，粵語長片中委曲求全的白燕，就是當時少女們心中的典範。還好，後來出了個陳寶珠、蕭芳芳，正義的寶珠姐配上加點反叛的芳芳姐，將我們那一代的女生迷得神魂顛倒。

只是，**顛倒是一回事，有沒有勇氣膽量「反其道」而行，又是另一回事**。

有不少人對我竟然在大學唸的是數學感到嘖嘖稱奇（可能是

「怪」更貼切點），因為在大家眼中，我壓根兒不是這塊材料。但問深一層，我的回應是：「不敢違背父母的心意。」

有多少次，不敢違抗誰跟誰的心意，就把自己想做的想要的通通壓抑了下來。那個時候剛信耶穌，牧師常勸戒我們要為基督而活，將萬事看作糞土。我也是這樣，把自我壓縮，將渴望的想做的想像為沒有意義的「糞土」，其實是怕踏出安舒區所生的恐懼驅使。

直至那天在台北，碰到夢寐以求的文字工作機會，在外子的慫恿下，我才硬著頭皮勇敢踏前，問當時的主編劉良淑姊妹是否願意給我學習的機會。

「這可能是你一生惟一的機會，去吧！」外子的推動，言猶在耳。

這些年頭，碰到不少的女性，她們所走的路，多少都有點我昔日的足迹。

「我不知道自己真正想要的是甚麼？」

「我的夢想就是把孩子撫養成才！」

一是不知道，又或者，不在乎。於是，將自己憋在那個處境之中，帶著難以收拾的怨氣與不甘，天天都在與忙碌的職場生涯，或家中的柴米油鹽醬醋茶比拼。見過一些姊妹，每天掛著一張苦臉，不是覺得時不我與，就是嗟歎命運弄人，到一個地步，連自己的渴望都刻意忘記，一生都在勉強自己，最後搞至一身是病。

不過，慶幸的是，中年以後，對女性是一種覺醒。因為兒女長大了，要管要理都輪不到我們了。丈夫從職場退了下來，說好說歹也儲了一點積蓄養老。突然發覺，兩口子有足夠可以自由支配的時間與金錢，那最好的面對，就是讓自己從過往那些被人束縛的框框或角色中解脫，不再勉強自己做這幹那了！

真的，不要再勉強自己，以為活出別人的期望，對方就會愛你接納你。怎曉得當我們愈扭曲自己去迎合別人，就愈遠離那個真正的自己。

好好做自己，好好活出神眼中的自己。別因時勢屈服，更不要因為討好誰去改變。過去的我是怎樣，都已過去；重要的是今日的我，懂得活在當下，不再允許自己這樣被扭曲下去。行嗎？

不少讀者問我，是怎樣得到這樣的體悟？

首先，是從不滿現狀開始。像每一趟被別人催促或要求下做的決定，到後來總覺得有點不對勁。但因為不想推辭拒絕，就任

怎曉得當我們愈扭曲自己去迎合別人，
就愈遠離那個真正的自己。

由事情發展至一個「非處理不可」的地步，已經太遲。回想前塵往事，有時會問自己：「為何不早點開聲？為何不早點說？要把事情拖到如今！」

但又覺得不能繼續自責自怪下去，非要做出一些決定不可。這一步是最難的，人有惰性也愛拖延，嘴巴雖說「一定要處理不可」，心底卻暗暗懼怕「拒絕了對方會怎樣反應」、「說不的話人家會怎樣看我」。過往，我們就是被這種種問題牽絆著，又走回頭路。這些「回頭路」，我不知走過多少遍，在來來回回，自怨自艾之間，我反覆自問：難道我的人生就是這樣下去嗎？

終於，到一個非面對不可的田地。老實說，我是真心盼望大家不要等到這個田地，就是在無可轉圜與覆水難收之間的那道暗溝中，不見天日，不知何去何從，但心底呼喊：神啊，求祢救拔我！

原來，「不再勉強」自己，是一個選擇，一份決心而生的行動：

主啊，我答應祢，從今以後，我不再成為XX的奴僕，求祢堅固我的心，指引我，帶領我。

有一兩次，我真的把類似的禱告，印了出來，貼在牆上，時刻提醒自己，這是我在神面前的立志。

有用嗎？有。對於善忘的我，這是每天睜開眼睛看到的「忠告」，但別以為這條路易走，隨時會聽到有反應說「怎麼變了」，「唉，怎麼向來很好相處的她居然不答應」……

是啊，這是更新的改變，這是願意面對真我的改變。可能你不喜歡，甚至疏遠，那又如何？

此刻，捧讀著日本作家保坂隆的《活出醇美大人味》（方舟文化，2016）一書，讀著她說「從好太太好媽媽的角色中畢業」、「前半生的辛勞歷練，是後半生的成長養分」、「放膽嘗鮮，感受教學相長的喜悅」，篇篇都說中我此刻的心境。

不再勉強自己，就是不再把自己放進別人期望的抽屜，而是把那個美好的、久違的、合神心意的自己從冷凍庫中拿出來解凍啊！

「做自己吧！不要以為改變了，人家就喜歡你，真正喜歡你的人，自然會喜歡真實的你！」（引自保坂隆：《活出醇美大人味》）

不再勉強自己，就是不再把自己放進別人期望的抽屜，而是把那個美好的、久違的、合神心意的自己從冷凍庫中拿出來解凍啊！

十四歲的我

眼神，原來是揭開我們心靈底蘊的一層神祕面紗，讓人的真我無所遁形，也讓人看清自己。

做自己十訣

1 做自己，最舒服自在。

2 但更重要的，是了解自己是誰，有甚麼料子等等。

3 自己也包括過去那些回憶、遺憾和感情，但要學習去蕪存菁。

4 要戒掉「人云亦云」、「隨波逐流」的壞習慣。

5 別囫圇吞下身邊人隨口說說的評價，那是做自己的大障礙。

6 不要怕將脆弱的自己呈現在信得過的好友面前，讓他更懂你。

7 懂得不再勉強去做不喜歡的事情，是做自己的基本功。

8 接納這個坦然的自己，然後小心安放一旁，容後面對。

9 獨處中清楚自己的渴望、夢想和追求，那個「自己」就會愈來愈清晰。

10 惟有主最知道我，求祂引導我們更認識祂所創造的我。

02
Inner voice

不甘

內心太多前設框框執著，會讓人不甘心。
比較，討價還價，過高的期望等，
都是養育不甘的溫牀。
不甘惹來不快不爽，天天會過得很苦。

何必證明自己？

記得那些年，仍是個乳臭未乾的小女孩、對世界充滿好奇，也充斥著怨憤。總覺得為何生下來不是爸爸期待的「男孩」？總覺得樣子醜陋的自己，不像弟弟有一副可愛的模樣，更加不像姊姊那般路人皆識。

心理上的不平衡，造就了一種「非努力不可」的心態。其實，努力不是壞事，但覺得甚麼事情都出盡全力，甚麼事都要爭先奪人不可，那才是成長路上要命的障礙。也是因為這些心態，讓我在路上跌跌碰碰，吃了不少苦頭。

成長苦頭一：非此（路）不可。

做家長教育的工作，常聽到的一句話，就是「贏在起跑努力不是壞事，但覺得甚麼事情都出盡全力，甚麼事都要爭先奪人不可，那才是成長路上要命的障礙。

線」。家長們以為，要讓孩子成功，只有一條「成功的路」，就是安排他逐步入到「神校」。於是，責難這個年代的家長，說他們不懂得尊重孩子的選擇；家長卻覺得，這是為孩子準備的「最好」。其實這種現象，從咱們那個年代已有，只不過那年代，最好的定義不同，對我的父母來說，就是「英文中學」。

所以，我家三個孩子，都是中中出身，但姊跟弟弟最後都成功轉到英中唸書，只有我是例外。那時的我，是個絕對死硬反叛派，知道不能反抗媽媽處心積慮的安排，便刻意在入學考試時拒絕答題，讓他們的名校夢成空。

而這種硬脾性，也造成了日後在職場上處處碰壁。說到底，我覺得的「正路」可能是人家眼中的「歪路」；我的「道理」可能是人家眼中的「歪理」，不懂得站在別人角度去看事情，也不曉得穿上別人的鞋子去理解他的世界，最後便會變成「你不饒人，人也不饒你」，劍拔弩張，甚至兩敗俱傷的局面。

好幾次，生命中遇到一些死角，明知不可為而衝上去跟人硬拼，結果撞得頭破血流，然後知道真的「此路不通」，知難而退。但在那些衝突盲闖的日子，不知走了多少冤枉路，流了多少含冤莫白的眼淚，也得罪了不少人。後來才知道，此路不通，還有很多路可以走的，只要不跑回頭路就是。

成長苦頭二：非我莫屬。

不錯，人都需要自我肯定，但這跟自我吹噓不同。當一個人在旁人面前，動輒就提個人的豐功偉績(就是「曬冷」)，又或者提及認識誰誰誰，覺得跟誰拉上關係就是上位的王道，這都是吹噓的現場版。這些人這些場合，我當然見識過。有人會問：那怎辦？千萬別跟他吹噓，或駁斥對方，因為愈要滅對方志氣，可能更助長其氣焰，還是退避三舍，避免與之為伍最好。

另外一個表達方式，就是認定這是個人目標，非要到手不可。也許有人覺得，此乃野心與大志，沒有不可。但也有時候，是不自量力的妄想妄求。不妨想想，我們想攀上的這個「職位」，到底能否施展所長，還是不能勝任，硬要證明給看扁我們的人看？這些問題，都要好好撫心自問，不要自我作難，明知不能為而為之啊！

成長苦頭三：習非成是。

這個最難搞，因為以為自己的看法判斷是對的，別人的都是錯，才是一個人成長的致命傷。這類的「習非成是」，除非吃過很多苦頭，或被疼愛自己的諫友提醒，否則會一直蒙在鼓裏。

對我來說，印象最深刻的一次，是被好友講了一句：為甚麼你不懂得憤怒？本以為一個人不輕易發怒是好事，但精於輔導的她，一眼看得出我其實是在否認，是在逃避，將憤怒埋藏心底，問題便會愈搞愈大。

怎能避免？就是對自己覺得「對」的做法，也可以質疑反問。愈接受反問挑戰，愈能幫助我們修正自己的看法與成長。就以憤怒為例，一直覺得如有可能，盡量不讓自己生氣，但會否到一個地步其實是將憤怒掩埋。謝謝好友的提醒，讓我對自己內在的感覺，多一分了解與接納。

其實，我們的心有很多話要對我們說，只是我們不願意聽，或逃避去聽。是嗎？

世上沒有人比我更了解自己的需要，深入去聆聽內心的聲音、直覺，跟心靈的需要，它們其實有很多話要跟咱們說呢！

讓我們好好聆聽內心，也願意修正內心一些頑劣的想法，透過經年累月的自我反省，鋤進心坎深處，活在不再自欺欺人（或欺神）的當下，才可以真正斬草除根拔掉這些劣根性啊！

對負傷的十個領悟

1 傷痛如喪鐘，提醒我們生命中的失序、失控與意料之外。
2 無論怎樣偽裝或武裝，內心的傷痕仍在，更不時會隱隱作痛。
3 必須經歷跌倒受傷，才知道如何保護自己跟重新站立。
4 如果我們真的痛過，就不會希望所愛的人受同樣的痛！
5 受傷的源頭，很多時候跟掌控、任性與自我中心有關。
6 傷痛來襲時，一定要尋求主那安定、微小且安慰的聲音。
7 在傷痛中，最難學但最有用的功課是聆聽與順從。
8 奇妙的是介入這些意外與失控之中，正是主在世傳道的恒常。
9 受傷復原後會明白，受傷墜落是恩典，復原安好也是恩典。
10 放下自我、放下操控吧！這是讓人復原的不二法門。

03
Inner voice
夠了

若我的心對我們說，請專注地聽！
若說出口，就要三思是否能承載斷裂與疏離。
心常想著要擁有囤積更多的話，
這兩個字是警戒。

逞強與示弱

聽過不少人說：真我，真的有嗎？又或者，我覺得自我迷失，於是把自己放逐到一個地方，放一個悠長假期，來尋找自我。

猶有甚者，是倉促地離開一段婚姻，覺得那是妨礙個人成長的安舒區，然後放自己一把，投奔往另一段感情。

這都是有效的方法嗎？不一定。

見過把自我放逐的他，到最後更迷失。更別說那個離開一段婚姻，把自己一頭栽進去熱戀的他了，到頭來還不是從一個離棄者（拋妻棄子）成為一個被離棄者（被那另一段婚姻的她背叛）。

所以，通常當一個人為了要尋找自我，做一個割裂捨棄的抉擇時，我給的忠告都是：等等，先想想要付的代價。賠上一份工通常當一個人為了要尋找自我，做一個割裂捨棄的抉擇時，我給的忠告都是：等等，先想想要付的代價。

作，事小；賠上一個家庭，卻是難以彌補的重價。

不過話說回來，在一切難以回頭的抉擇之先，有兩個心靈暗湧，是非留意不可的，那就是逞強與示弱。

所謂**逞強，講得好聽是野心、好勝，或者上進**。但表現出來是否如此，人家是有眼看的。單純的上進，容得下別人，也懂得欣賞他人的付出。但過度的野心好勝，任何事都非我莫屬，任何人都不夠班，這樣「自覺」的所謂強者，別人一埋身都會嗅到那股傲氣。

見過這樣的人，事事都要爭先，惟恐慢人一步。跟這樣的人合作，如果是同輩，他最愛就是「鬥」，鬥比你快，鬥比你醒。千萬別中他的詭計，讓自己變成「同等樣人」。那會否自己也是逞強者而不自知？哈哈，想想我們身邊圍著的是甚麼人吧！有沒有比自己優秀，讓自己可以學習的？還是都是吹捧者，唯唯諾諾之輩？如果是後者，就要小心囉！

不過，**最要命的是「示弱」，更有甚者，是「甘心示弱」**。到處將自己不堪的身世，或難癒的頑疾，向身邊人披露，以博取同情憐憫，同伴同行。

本來，同情心人皆有之。特別對弱勢的憐恤，誰能不出手相助？但俗語有云「長貧難顧」，而且人際的關係是彼此的，不是一面倒的只有一方付出。聽過不少姊妹跟我說，長久的照顧付出，變成對方依賴的藉口。到某天自己真的累了病了，要退出那位「弱者」的照顧圈了，就立刻被斥為背叛不忠。

有聽過一個名詞叫「人際剝削」（interpersonal exploitation）嗎？那就是：

「當一個人無法處理個人內在的議題，例如貧乏、空洞、自我中心、自卑、低自尊……乃至於不完整的自我，因而在人際關係中，已透過不公平的方式，讓人感到不愉快，甚至是殘忍的方式壓搾對方，意圖使人來完成自己的目的。」（引自洪培芸：《人際剝削》〔寶瓶文化，2019〕）

而表達出來的方式，不一定是強者式的直接威脅，而是利用最能站得住腳的「弱者」姿態，以攫取別人的同情與包容。**這些表現看似弱勢，其實是一種「合理的剝削」**，是難以讓人看清，當事人更是難以分辨的。

這不是說我們不能示弱，或不接受自己的弱點。而是不要用這個當作籌碼，來乞取別人的憐憫或友情。因為終歸會被人家拆穿，最後受重傷的是自己。

《人際剝削》一書的作者洪培芸是一位臨牀心理醫師，她真是洞悉人心，一語道出人際剝削最容易發生在哪些人身上，就是「內在空洞貧乏、內在自卑及無能感、低自尊……負向自我形象，有著各式各樣負向情緒的人……乃至於擁有不完整的自我的人」。

所以嘛？找回那個真正的自我，建立健全的自我形象，是從成長至中年，一條責無旁貸的、無人可代替我們走的苦路。

界線十定

1 我們跟別人之間，一定要有一道界線，否則容易受傷。

2 人家問問題，可以回答，但不用盡訴心中情。

3 嘗試主導結束一段沒意思的對話，是定下界線的實習。

4 別人要求我們做超出個人責任範圍的事，要三思並可拒絕。

5 打著好意（或為我們好）的旗號來踐踏別人界線者多的是，別中計！

6 不是每個人都可以推心置腹的，所以初相識還是別透露太多。

7 對於那些只顧問而從不透露個人狀況的人，要格外小心。

8 如果對方把「不尊重」化裝成「忠告」，處處對咱們的要害衝擊，要阻止啊！

9 請記著，無論對方如何威迫或哀求，決定權仍在我手。

10 愛人如己跟任人魚肉是有很大分別的，求聖靈提醒。

04

Inner voice

敏感

對事物的感覺通常比別人快，也較深刻。
敏感的人的心最容易累，也易受傷。
最佳的抗敏感藥不是麻木無情，
而是將之轉化為敏銳。

我敏感，但也是個天賦！

記得多年前，一位前輩用手指著我說：「你是個極度敏感的人，知道嗎？」當然知道。

所謂「崩口人忌崩口碗」，這是我一直想掩埋的弱點，怎會不知道呢？

敏感的人，神經觸覺特多，很容易被人家一句讚賞，抬上了天花板，也很容易被人家一句批評，摔了下來。

敏感的人是人人眼中的好人。因為怕拒絕別人，怕得罪別人，所以明明該做的決定，沒做。明明該砍斷的關係，保留。而且，極容易受人影響。明明說好要向東走，人家多口問了一句，我們就會想「不如聽他的，往西走吧！」也因為這樣，無辜走了一些冤枉路。

可幸的是，原來在世界上，跟我脾性相近的同類人不少。大家很容易一見如故，也很快便交心。

彼此談得投契的時候，討論的話題總是：可以叫敏感的人不敏感？不用事事都上心嗎？最後的結論多是：很難。不過，也並非無可救藥的。

先要做的，是找出敏感的源頭，那跟家庭成長定必扯上某種的關係。記得我在一些成長課程中，會寫下「因為父親的情緒病，動輒就會大發脾氣，甚至自殘，讓我變得極度敏感，生怕某些話會觸動到他的情緒病機制，後果便不堪設想。」這是我對自己的觀察分析，雖不中也不遠矣。

然後，想想對誰會這樣敏感？情緒敏感起來，又有怎樣的

表現？

揪出這個「誰」，可以是很大的突破。據經驗觀察所得，這個「誰」不會是毫不相干的人士，肯定是咱們生命中「重視的」、「珍惜的」那一位。所以她對我們的看法批評，我們會如此在乎。但問題是，對方卻未必放我們在同樣的位置。這是最苦惱的。若我們視之為生命貴賓的她或他，只看我們為過客，甚至不值一提之輩，那我們對他們的在乎，只是一種廉價的依附。看穿了，就最好放下，免得自己傷痕累累。

至於對方又將我們視為珍寶，那本該彼此珍重。但卻礙於彼此信念價值判斷有異，若對方是強悍自負，好勇鬥狠一族的，就很容易將柔弱自卑的我們制服。因為怕對方不開心，怕對方將感情關係了斷，我們會繼續願意被掌握被苛求，直至一個忍無可忍的地步。

有時慶幸還有這樣一個「忍無可忍」的臨界點，好讓我們可以狠狠跟對方說：It is enough! 夠了！（意思就是「不要再踩過來了！」）

有人說，敏感族最致命的想法是：和每個人都要相親相愛。後來經過歲月的歷練，才知道這是妄想。特別是臉書出現後，大家在朋友狀態上的留言，更常惹出不少誤會，如誰在臉書上寫一些挑戰的話，對敏感一族的人來說，會很容易將寫下來的話當真，而讓自己陷入難過不忿之中。

還有，**就是了解個人在情緒敏感起來，通常有怎樣的反應了**。如不斷反覆思想，質問自己到底說錯了或做錯了甚麼，惹人話柄？又或者有種被刺痛出賣的無奈……這些情緒都是真的，但背後的想法卻未必是事實。

如果在情緒平伏下來時，好好對內心的想法質疑：對方真的針對我，有更多事實根據嗎？即使他真的「當我無到」忽視我又如何，我還是可以理直氣壯表達嘛！

很多時候，我們要對自己的敏感定一道防線，或定一個「止蝕位」，就是告訴自己「到此為止」。

如今，早忘了自己怎樣在高敏感的情緒掌控下逃出生天。當然與身邊交了不少情緒穩定又愛護我的朋友有關，更重要的是外子對我的百般忍耐與循循善誘。

閱讀也是一個助我一臂之力的良師。如最近讀到高田明和的《剛剛好的情緒界線》（方言文化，2018）。這位醫學博士的書，簡潔易明，更重要的是把高敏感的人所遭遇的表達得淋漓盡致。

很多時候，我們要對自己的敏感定一道防線，或定一個「止蝕位」，就是告訴自己「到此為止」。

好喜歡他形容高敏感是一個「天賦」，他居然說：

「敏感是一種很了不起的才華。……超敏感族能夠察覺周遭環境中旁人沒發現的事物。他們能察覺對方的情緒。富同理心，對旁人的不幸、悲傷等情緒很能感同身受。他們的直覺很敏銳。能識破對方的本質。」

讀後，簡直是為敏感的本性打了支強心針。

敏感不可悲，雖然活得比別人辛苦一點，眼淚多流一點，但卻是一種天賦來的啊！

這是逝世多年的敏感老貓乖乖

敏感的人容易投入別人世界同理共鳴，但也要給時間讓耳根清淨。

給敏感的人十勸

1 心理負荷較重，容易將別人的話對號入座，也太易上心。
2 與人際之間不是沒有底線，只是薄弱了些，易被人踐踏。
3 容易比別人緊張，所以一天難處一天擔就夠。
4 容易投入別人世界同理共鳴，但也要給時間讓耳根清淨。
5 容易受人影響左右決定，要給時間過濾所聽所聞。
6 要想辦法隔絕過度的焦慮，如不看太多資訊。
7 敏感生猶疑，讓人優柔寡斷，要給時限學習果斷。
8 因為在乎別人，所以有求必應，要懂得愛惜自己。
9 看他人臉色做人，會讓我們的臉色愈來愈難看。
10 求主醫治內心最深的創傷，讓我們重新站立。

05

Inner voice

敏銳

一種對人事物觀察入微的能力，可以培養的。

對人的感受敏銳，對自己的感覺理性持平，

不會對號入座。

跟敏銳的人相交，能助人洞悉人心啊！

我敏感，就是我的錯？

敏感，可以是天生，也可以是後天造成的。

在心理學的書中，高敏感的個性特質原來是與內向型緊緊扣連。因為內向者不大愛跟人互動，怯於分享個人的想法，怕成為別人焦點，對別人、對自己的看法都非常敏感。

他們跟人談話時，總會留意對方臉色，無法暢所欲言。

當跟人產生誤會衝突時，第一個出現的意念就是「是我講錯了或做錯了甚麼」，而心緒不安。

當他幫了別人，別人又不回應時，他更會覺得自己是否得罪了人……

諸如此類的描述，都是敏感個性的一些特徵。

但對我來說，卻非如此。

皆因在下生性外向，愛跟人互動，特別是陌生人，好奇的我更會視之為「研究」對象。更不怕在一大羣人中講話，但那種怪罪自己，怕自己講錯做錯的念頭，倒是有的。

那怎麼會曾經出現過「敏感」的標籤呢？可能是形勢所迫，學習而來的悲觀敏感吧！因著父親的情緒病，是毫無預警地發作，發作起來的當下，他會發了瘋的自殘。少年的我有好幾次，就是因為說了三次「不知道」，又或者是講話時沒專注望爸爸，就會見到他大發雷霆、傷害自己的情境出現。

看在眼裏，除了難過無助之外，就是告訴自己：「要『醒一點』，懂得觀察他的眉頭眼額，知道甚麼可以說，甚麼是禁忌。」也因如此，逐漸鍛煉出那種步步為營、句句小心的待人態度，生怕會講錯甚麼，又惹來一場大吵大鬧。

幸而老爸晚年信主，情緒病也逐漸在神的恩典厚愛之下，得以復原。而正當我覺得自己也在父親的情緒病陰影下「康復」過來之際，萬沒想到有天會被貼上「敏感」的標籤。

貼這標籤的手，是我熟悉的，信任的。當那標籤狠狠地貼在我額頭的當下（當然是比喻不是實況），我發呆了。**本以為坦蕩蕩將真我揭露，對方會接納欣賞，怎知卻被貼上敏感標籤**。

「你知道敏感的人會怎樣嗎？他們會……」然後和盤托出對我的負面看法，好像看穿了我的軟弱與缺點。站在這位振振有詞恍如巨人的面前，感覺自己是多麼的難堪，無地自容，很想找個洞來鑽。

其實，有誰不知道自己的弱點呢？但把弱點當成傷人「心」

的利器，卻非常人（特別是敏感人士）所能承受的。

然後，不知過了多少獨自垂淚的晚上，走過多少偏僻的幽谷暗巷，讓內心的獨白徘徊在「接受／不接受」之間，反反覆覆。感覺受傷，讓時間療癒這循環也經歷了多少遍。最終開竅了，懂得接受自己，明白到「敏感」是種天賦，更是一種「與眾不同的內在力量」。

最近，拜讀另一本為敏感人士而寫的《高敏感是種天賦2》（三采文化，2018）一書，對這個性增多了不同角度的切入理解。也許因為作者伊麗絲·桑德（Ilse Sand）本身也是高敏感一族，所以讀來特別親切貼地。更喜歡的是書中給敏感族的鼓勵語句：

「你會自我反省，而不是只顧自己。」（是啊，我們很愛把事情想來想去，希望能從中理出個道理。）

「敏感」是種天賦，
更是一種「與眾不同的內在力量」。

「你只是特別敏感，而不是過度敏感。」（最愛這句，那是「特別」敏感，算不上過度。而這種敏感懂得收斂節制的話，就可以變成敏銳於別人的感受，並懂得先知先覺地回應。）

「你只是不喜歡爭執，不是無法表達憤怒。」（是啊，當意見不同時，會有點氣，還不至於憤怒那麼強烈。）

「你只是比較怕痛，而不是無病呻吟。」（因為敏感的人多愁善感，對痛苦困厄比別人更深感受，旁人難以理解便會覺得他們是無病呻吟，其實他們只是比較怕痛，哈哈！）

「你是認真對待事物，而非過於執著。」（敏感族對自己要求很高，所以注重細節，但卻不是冥頑不靈，難以理喻那類啊！）

敏感，可以從另一個角度解讀。不要因為敏感，就把責任錯誤都往自己身上扛，任由別人打壓啊！

十種人的學習

1 面對**城府深**的人，要學習守口如瓶。

2 面對**尖酸刻薄**的人，要學習「左耳入右耳出」。

3 面對**奉承巴結**的人，要學習清醒不被迷惑。

4 面對**埋怨多多**的人，要心存感恩，口說良善的話。

5 面對**看自己比別人強**的人，要心存謙卑，臉帶自信。

6 面對**人云亦云**的人，要學習當他是路人甲而已。

7 面對**心口不一**的人，要慎聽，更要謹慎回應。

8 面對**自我中心**的人，要學習拒絕被他的需要牽著走。

9 面對**莫名其妙**的人，要學習拒絕為他多傷一條腦筋。

10 面對**硬心抗拒信仰**的人，要學習不住為他禱告。

06

Inner voice

憶起

回憶是個不速之客，
往往是不請自來。
別讓自己孤孤單單地留在回憶的深坑之中，
讓自己陷在不堪回首的戀棧。

看海的日子

這天，找出了一幀舊照。是少年的我，坐在一塊大石上，帶著微笑遠眺碧海蒼茫。那時的我，留了一頭披肩的長髮，是那個反叛歲月的表徵，因為媽媽一直反對我留長髮，說像「飛女」，我卻很想留一頭如寶珠姐般的長髮。

看著照片中的我，視線好像對著波濤起伏的汪洋大海，到底在想甚麼？

「是那位去了遠方求學的摯友？怎樣面對過幾年後的會考？到外地留學還是留港唸書？還是想著那個晚上怎樣擺平父母的衝突與吵鬧……」

少年的那些日子，是海伴著我過的。因為那個時候，爸媽買的房子，就在海邊。那是個人煙稀少的地方，遊人不多，每天下午，我會帶著小狗，拿一本書，鋪一張塑膠布，就這樣「攤」在海邊看書遐想。想起這些畫面，恍然大悟，原來骨子裏的自己，曾經這樣酷愛孤獨。

為甚麼我會孤單一個？當時姊姊早去了外地唸書，比我年輕一點的弟弟跑哪去呢？爸爸媽媽忙著做生意沒空陪孩子卻是事實，不過我不介意，沒人管的日子最逍遙自在。我怕的，倒是爸爸突然的情緒病發，捶胸頓足的憤怒樣子，還有媽媽痛哭失聲也苦無對策的愁容。

試問，年紀輕輕的我，又怎能承擔？一時抓住了爸爸，叫他停手，怎知那邊媽媽又在捶胸大喊……

所以，每逢經歷過這些大災大難（抱歉，對當時年輕的我來說，就是一場接一場無法對外人道的大災難），當那些「風浪」過後，我就會倚在窗邊看海，讓海風洗滌心靈的擔憂。

刮颱風的日子，看到白浪滔滔，心生懼怕。一方面是怕颱風來襲，家中的窗戶、外面的欄杆是否抵擋得住，另一方面是怕那種殺我個措手不及的大爭吵遽然臨至，讓我身心再受重創。

記得有趟，跟懂得觀海的他訴說心中的憂慮，怎知他說：「白浪過後，風平浪靜的日子又會來臨！等等吧！」是嗎？你說等，我就學等。真的是過了一天，風球落下，太陽出來了，雨過天青，海天相接的美景重現。

坦白說，**在年少輕狂又不知道怎樣應變的歲月，看海，是一種抒懷的良方**。當然也有朋友問過我，那些無助又沒有信仰的日子，怎過？有否讓自己變得悲觀消極？

說「沒有」是騙你的。那時沒有朋友可以傾訴，也不認識上主，惟一看到的，是所愛的媽媽在經歷父親情緒病發對她諸般苦待後，第二天仍繼續化妝梳頭，穿得漂漂亮亮上班去。記得她曾告訴我：「**做女人，最緊要爭氣！**」在我眼中，媽媽是整個家的供應者養育者，更是父親情緒病的「受害者」，但她仍堅持愛他，對他不離不棄，我又豈可隨便放棄呢！想到這兒，眼眶有點濕。是的，又想起那個堅強聰慧溫柔，但此刻在天家的媽媽。

拭乾眼眶的淚，再看照片中的自己。如果要我猜，當時的我在想甚麼？可能是夢想著：有那麼一天，可以離開這個吵吵鬧鬧的家，遠走他鄉，開始一段新生活吧！結果，我真的離開這個家，遠赴異地留學。足足走了十多年，但因為牽掛著家人，惦念著生於斯長於斯的香港，我又走了回來，直到如今啊！

硬淨十想

1 人世間總有風浪，不能逃避，所以要鍛煉心力來面對。
2 見到難處就逃，遇上不如意事就走的人，內心的力量微弱得很。
3 一個人是否夠硬淨，跟碰到困難時往哪邊想有關。
4 硬淨不是無所感，而是不會被感覺挑釁。
5 跟內心硬淨的人相處，會覺得滿有盼望，如沐春風。
6 他們的嘴巴少埋怨，更不會放大問題或總說是人家的錯。
7 他們的腦袋專注思考怎樣應付眼前的難題。
8 硬淨的人深明每個人都要對自己的人生負責。
9 他們更會戒絕那些讓自己沉淪的壞習慣。
10 每天靠著聖靈，讓心裏的力量剛強起來，是真硬淨。

對著波濤起伏的汪洋大海，我到底在想甚麼？

壹

安然遇見自己

07

Inner voice

傷感

傷感，因為仍會牽掛，
因為愛得很深。
可以把她對我的好記下來。
可以找個同路人，一起哭。

媽媽，別走！

「你有看過《小鹿斑比》嗎？」這陣子，碰到年齡相若的人，我都會衝口而出這樣問。

因為，看過的話，你就明白那年代那種視親情寶貴的情懷。還記著這齣電影是在彌敦道某戲院看的(忘了名字啦！)，故事的結局是小鹿斑比的媽媽最終被獵人殺害，雖然電影畫面沒出現那殺戮的場面，但那一下槍聲卻足以令當時稚齡的我陷入深深的恐懼中，頻頻跟媽媽說：「媽媽，別走！」有好一陣子，還要握著媽媽的手才能入睡(這是後來母親告訴我的童年軼事)。

想來，很多人都有這種懼怕媽媽走了的恐懼。

至女兒出生，我又不曉得哪來的傻勁，買了一部名叫《小腳板走天涯》的錄影帶讓她天天看。當時三歲的她，每天重看也不覺膩，但常常會拉著我的手哭喪著臉叫「媽媽別走」。至後來才曉得，那又是另一個媽媽離孩子而去、從此不回來的悲慘故事。

原來，每個兒女心底，都有著這種「媽媽別走」的恐懼。至大家成家立室，這種恐懼好像被工作事業遮蓋了。身邊不少朋友跟我說，結婚以後，回家吃飯的次數少了，跟媽媽相聚的時間更少，因為一方面要在事業上衝刺，另一方面要照顧自己的家庭和孩子。

直至有天，老媽病了，始驚覺時日無多。

想想自己，也總算不錯，回港工作的那些年，老媽剛好在股票市場準備退下。一個月一次的母女飯局，侃侃而談的往事近況，還記得媽媽臨中風前的那趟午餐，還捏了一下我的臉龐，叫

原來，每個兒女心底，
都有著這種「媽媽別走」的恐懼。

我保重。那是母女間少有的動作，卻是令我重新回味那種久違的母女情誼。

只是，任憑我內心喊多少次「媽媽別走」，老媽還是瀟灑地離開了。我在哀痛晃盪中，度過了整整兩年的哀悼期。身邊人最讓我感動的，是外子也因為愛外母情切而在一次講道中泣不成聲。可惜他那趟的「眼淚」卻被解釋為傳道人缺乏信心的軟弱表現，我聽到後很不以為然。難道傳道人就不可以難過？就不可以為所愛的人離去痛哭嗎？

喪母的經歷，讓我體會到哀傷中的人那種「叫天不應，叫人不明」的孤絕。也在神面前承諾，倘若這經驗可以幫到同路人的話，我願意踏出一步。就是這樣，母親離世的二十多年以來，陪過喪夫的她，喪妻的他，喪母的她，喪子的她，還有家人自殺的她，走過那些風風雨雨的日子。

有人說：「哀傷就如一個大海汪洋，有時巨浪來襲，有時只是一浪接一浪的翻過來。有時波平浪靜，有時風高浪急，我們能做的是學會怎樣在其中泅泳。」（“Grief is like the ocean; it comes on waves ebbing and flowing. Sometimes the water is calm, and sometimes it is overwhelming. All we can do is learn to swim”——Vicki Harrison）很喜歡這句話，也道盡了我對哀傷喪親的體會。

不錯，生命中遭逢巨浪的確讓人難過難受。但更重要的，是被浪打翻倒地之後，知道怎樣再爬起來，並樂意伸手扶持那些後來的同路人。

同行者的十悟

1 在難過低谷的日子出現，扶著我們走的人，都可稱為同行者。
2 出於同情或關懷，甚麼居心都好，都感謝他們同伴同行。
3 通常，同行者的手是堅實有力的，眼神是帶鼓勵的。
4 最難能可貴的是眾人皆離我們而去，同行者卻不離不棄。
5 同行者不需要天天出現，否則會讓人變相依賴。
6 保持距離的同行，是充滿智慧與給大家空間的。
7 同行是暫時的，到我們「行得走得」就可停了。
8 只是人皆有情，總想美好的同行回憶一生一世的延續。
9 面對同行者揮手瀟灑說再見，要學習強忍淚水告別。
10 就讓我們深深祝福他轉身的背影，並繼續傳承與人同行。

08

Inner voice

磨難

在磨難的學堂上，
課程是一個緊接一個的，讀不完。
磨難讓我們窺見，
向來的信念是建造在甚麼的土壤上。

多磨的中年歲月

人家說的中年是四十過後，我卻感覺自己的中年提早來臨。

一切始於三十多歲那年，女兒還在唸幼稚園，還在考慮該否再生一個，好讓女兒有個伴。那曉得，母親中風猝然離世，我突然要扛起照顧老爸的責任。想追多個孩子這願望，已變得很遙遠了。

只因為，我是個顧家的女兒。一方面要照顧自己的家庭，養育女兒成長；另一方面，又要照顧年過八十的老爸，怎樣面對喪妻的悲痛。

然後，踏進四十。感覺身體變化很大，先是難以言狀的心跳，又試過忙碌過後突然暈倒，一年入一次醫院，已成了指定動作。不過更讓人無奈的是，每趟進院做了大量檢查，出來的斷症都是：更年期徵狀。

還記得那年，身體已被大病小病折騰至筋疲力盡，醫生還要我做一個甚麼心臟檢查。就是身體貼著一些黏貼，要我在跑步機上慢跑，然後快跑。

「可以不跑嗎？我好累！」當時，苦著臉對那位護士小姐訴苦。

「不行！要測量準確，你一定要跑！來，跑跑看，跑快點！」終於，我感覺天旋地轉，暈倒了。他們才罷休！

當然，不得不提的是動過大手術。手術的最大適應，莫過於麻醉藥後的大昏迷及醒來的暈眩不適。從沒有人告訴過我，中年是這樣一個多病多磨的歲月。整整十年，我都處身在惶恐不安與不知身體何時好起來的疑惑中度過。

尋醫求治是第一步。朋友介紹了中醫，幫我調理身體。那是一位仁醫，用心幫我診脈，用吃藥及「臍針」調理，幾個月後，身體感覺好多了，最有趣的是從前少有流汗的我，如今試過汗流浹背的感覺。

第二是刻意讓自己停一停，鬆一鬆。有空閒的時候，會帶柴犬 Nikita 去街上溜溜，又或者去做腳底按摩一次，讓繃緊的肌肉得著舒緩。

第三是飲食的節制。中年了，最容易有三高，父親是糖尿與高血壓患者，因著遺傳我也中了這兩招。還記得那天問醫師，「我一直少吃甜，為何血糖指數會飆升？」他笑笑說：「遺傳嘛！」聽到後，無言。那說法就像在輔導房間問那些前來輔導的，有關上一代對他們個性的影響，最後我也會說這句：「原生家庭的影響啊！」一樣！

只是，我們的原生家庭給我們生理與心理的影響是實在的，但因著個人的認知改進，靠著上主的恩典保守，可以逐漸擺脫這些影響，也是鐵一般的事實。

正如今年，盡量避免吃甜，減少米飯，但更重要的，是擺脫上一代給我們的心魔咒語，如「你沒用」、「你很蠢鈍」、「你沒有天份」等等的話，可除則除，可滅則滅。

說真的，日子與毅力真的有功。只要持之以恆，努力不懈，坐了十年的更年期過山車，如今回頭再看，卻覺得那是很豐富的際遇與經歷。

記得許多年前，接受訪問的時候，總愛問我「最懷念是哪段人生歲月，最想回到是哪個時期」，當時正值三四十歲的我，想也不想就說：「中學時代」，因那時最單純與充滿熱情。

只是，時代變了，我的看法也必須修正了。

如果現在問我同樣問題，我會斬釘截鐵告訴你：「就是現在。」**很喜歡也接納現在的自己**，懂得進退，深知所信的是誰，又深知往後的歲月可以跟誰誰誰交往共度，還有摯愛的家人陪伴在身（當然更開心的是有乖孫相伴），有甚麼時刻比此時此刻更美更好呢！

狂喜歡這段話：「我好喜歡及深深欣賞此刻的自己，因為無論我曾如何被對待，感覺如何難受，走過多麼難行的路，我仍有一顆無私的愛心，而這顆心卻是無人能奪的。」（"One thing I absolutely love and adore about myself is, no matter how bad I've been treated, no matter how I'm feeling, no matter what I've been going through or what I am going through, I still have a heart of gold and endless love to give. That's one thing no one can ever take from me." —— Unknown Author）

Yea so true, and this is me!

歲月十課

1 一個人的立心如何，歲月可作證。
2 友誼不是愛情，不在乎天長地久，只在乎曾經陪伴。
3 過去就是過去，美好醜陋都會過去，要學懂瀟灑告別。
4 身邊一定要有些講忠言的諫友，讓歲月變得更真實貼地。
5 懂得管理時間，活得有紀律，就是對歲月的尊重。
6 每天都在趕時間的過活，其實是不懂得珍惜光陰。
7 人的改變通常是一天天，一步步的，這才踏實。
8 真愛是經得起時間的考驗與患難的煎熬。
9 歲月不愛催人，是我們太心急而已。
10 求主教導我們別做糊塗人，懂得善用歲月。

09

Inner voice

滄桑

走過了一大截路，經歷過人間的滄桑悲涼，
人情冷暖，時至今日體悟也多了。
如果沒有這些滄桑，
又怎會成就今日的自己？

從中年孤兒到長輩孤兒

多少年前，第一次聽到「中年孤兒」這名稱，我愣住了。覺得很中，很貼心，也很貼合當時的境況。

父母皆逝，我們在毫無準備下，成了「上一代」，當了長輩。這個曾經愛恨交集的名稱，多少年前叛逆的我對「長輩」抗而拒之，長輩的話更視為「耳邊風」，可有可無。現在一個不留神成了長輩，身分上更是孤兒。這個雙重身分，讓我們有點不知所措，就算有先例可循，但也無從問津了。是嗎？

長輩孤兒，是一個不想認但不得不認的名分。不想認，因為長輩帶了點距離，孤兒更是帶了點滄桑。只是，這已是不爭的事實。就讓我勇敢認之活出之，特別在這個瞬息萬變、焦慮轟炸的時代，就更需要這份沉著與澄明。由是，想到以下四點：

接納風雨乃人生的日常。年輕的時候，總希望一帆風順，扶搖直上，很羨慕那些順風順水之輩，總覺得自己比不上人家「好運氣」。至嘗透人生的甜酸苦澀與無常，始頓悟這些風浪，不會停止，有時甚至一浪接一浪，像要吞噬我們的意志，磨滅我們的夢想。但只要我們願意堅持下去（hang in there），總會在黑暗中看到絲絲光芒。

讓心中的力量強大。我們常怪罪環境或周圍的人，是他們把我搞成這個模樣。其實不然，那是我們內在未處理的創傷、未癒合的傷口在攪動我們的心，讓我們變得脆弱敏感，不堪一擊，甚至表裏不一，口不對心，帶著「面具或頭盔」做人。除非我們每天抓緊一個牢固的錨，讓我們就算處於風雨中仍能處變不驚。這個錨對我來說，是堅實的信仰，是與主耶穌的對話爭辯，是與人的疏離與再連結。曾經在無助中，經歷心中力量的「補給」，讓我無畏無懼面對不可知的未來，這千金難換的見證，是我得力與屢跌屢站的源頭。

學習無怨無尤的放手。甚麼恩怨情仇，到了這把年紀，都要一筆勾消。一來，沒時間爭來鬥去，二來，就讓對方贏盡又如何。終於明白，這些外在的鬥爭比較，是沒完沒了的。最聰明的方法，是保持距離，隔岸觀火就是。至於曾傷害自己的人，年月會把傷痕撫平，更不用介懷是否要賠個「不是」，因為早過了要證明誰是誰非的年齡。就讓一切隨風而去，無怨無尤，最爽！

歸心似箭的回歸。其實這兩年，在臉書上寫了不少年輕時執著的信念價值，好像善良，好像同情，或者對人好，都是父母至於曾傷害自己的人，年月會把傷痕撫平，更不用介懷是否要賠個「不是」，因為早過了要證明誰是誰非的年齡。就讓一切隨風而去，無怨無尤，最爽！

教落，我以生命來實踐的。雖然一路走來，也因為這些堅持而碰壁，被傷得焦頭爛額，那又如何？人過中年，仍相信要回到原始，重拾初衷，才是最快樂幸福的人生。特別乖孫出世以後，我變得更有童真童趣，一點不覺老之將臨。以這種心態走過中年，不是最好嗎？

嘗透人生的甜酸苦澀與無常，始頓悟這些風浪，不會停止，有時甚至一浪接一浪，像要吞噬我們的意志，磨滅我們的夢想。

「人過中年」最難拿捏的十種智慧

1 **適可而止**：凡事（或說話）不能去得太盡，因會壞事。

2 **功成身退**：當打的仗打了，就要放手（特別是子女）！

3 **美中已足**：縱使不完美，卻見缺陷美。

4 **退位讓賢**：給後浪一個空位與機會。

5 **不再戀棧**：光環與掌聲都是過眼雲煙，稍縱即逝。

6 **懂得留力**：接納精力有限，不再奮不顧身。

7 **告別過去**：要狠心 say goodbye，不再被纏擾。

8 **饒恕自己**：不再一味責怪，反而懂得愛惜。

9 **歲月篩選**：時間是最好的證明，特別是友情。

10 **合神心意**：只求跟主意旨，問心無愧。

貳

歷練中的進退與領悟

時候已到，不再年輕，
要知所取捨與進退。
並告誡自己，不再糾纏，
不再浪擲光陰，不再懵懂無知，
視而不見，聽而不聞。

10

Inner voice

善待

懂得善待自己，才懂得體貼地對待別人。
別有居心的善待像演戲，總有一天會被識穿。
善待別人是一份美好的禮物，
收到的回禮也是。

放膽把自己豁出去

「你看看，這個好像你！」正忙著的時候，友人傳來一篇職場應對的文章，將碰見的人分成四類，其中一類叫「吉娃娃」，說是像我。

細讀之下，見到這樣的描繪：

「他們敏銳、神經質、容易焦慮、防衛攻擊、吵鬧、弱小可愛、惹人疼愛。這類的人在與人互動中，說話通常比較急躁也比較快速，同時他們會敏銳觀察他人的情緒與需求，主動服務對方，給人很貼心的感覺，同時，他們也享受被照顧、服務的感覺。」

老實講，對前半段甚麼「弱小可愛」這些形容詞，不能苟同。但對後半部敏鋭觀察他人情緒與主動服務，都只能説，這是我的本性，也是死穴。

有句舊調的話是這樣説的：「肥水不流別人田。」從小就聽，也從小已不認同。因為自幼見慣熱心愛人的媽媽，到處幫忙關心別人，雖然得不到任何回報，她仍然樂此不疲。

信了主以後，對這句話更加反感，甚至內心會反問：「為甚麼肥水不可以跟別人分享，不是説萬事互相效力，叫愛神的人得益處嗎？」為何我們要把「著數」都拿盡？這樣做合乎真理嗎？

已經不只一次，過度熱心關心一些陌生人的當下，身邊諫友已出言警告：「**小心被人利用！**」或遭人背信棄義，後來，她們預言的事情逐一出現，我開始明白這句話的深層意義。最關鍵的，是選擇那些「別人」。

所謂「別人」，可能是「別有目的與用心之士」，也可能是「真正需要人士」。開始的時候，他們提出需要，咱們熱心張羅幫忙，本是好事。但久而久之，幫忙成了「應份」，提出成了「日常」，任誰也招架不住。中國人最有智慧的一句話叫「長貧難顧」，我加了一句叫「長苦難當」。天天背負我們重擔的，只有主耶穌，我們可不要奪去祂這個位分。

所以**身邊有些已過中年的朋友，會將朋友圈愈縮愈窄**。她們的邏輯理論是：「體力時間愈來愈感覺有限，沒空去招呼那些無關痛癢的豬朋狗友！」說的也是。也因為這樣選擇，他們的朋友圈愈來愈細，可以說，來來去去就是那幾對。

我很尊重也欣賞她們，甚至有時羨慕她們有如此堅定的「交友立場」。但熟悉我的朋友都知道，這並非我的本性，所以難移。

TAKE
what you
NEED
COURAGE
WISDOM
PASSION
STRENGTH
PEACE
UNDERSTANDING
KINDNESS

就像這陣子，仍會關心剛相識不久但知悉其工作上碰到大磨難的她，又或者關心在徵文比賽碰見認識而身體日漸虛弱的小女生，還有這個那個。那天跟友人吃飯，她問我忙甚麼？

「我就是忙著幫這個那個張羅！」

「不覺得累嗎？」

「不會！能幫人排難解困，是好事來的！」

怎料，竟遭挑戰：「妳常常把肥水流向別人田，不為自己想想，已經人過中年，小心有天『缺肥水』啊！」

哈哈，本想回答她，缺肥水就不會發胖，正好減肥。但已活到這把年紀，能留住的朋友就留吧！何必無事生非，無端起爭拗呢，還是息事寧人算了。

不過，我也並非完全不聽勸告的。衡量過自己體力心力，開始約制和不任意浪費我有限的「肥水」。但仍會**夠膽把自己豁出去，認識一些志同道合之士，開展一段新的友誼**。並且發現，在聖經讀到的那句話，真是「珍珠都無咁真」：「你們用甚麼量器量給人，也必用甚麼量器量給你們。」(可四24)

當我們以寬大的量器將肥水倒進別人的容器，別人也會以更寬大的容器，毫不吝嗇的將肥水澆灌著我們的心田。

重感情十想

1 重視感情不是錯，但會活得比別人痛苦。
2 我們很容易滿足，也容易受傷。
3 通常是冥頑不靈地相信「對人好，人也對你好」。
4 看到的現實卻是「感情原來是會虧損的」。
5 那是因為我們太在意付出與別人的反應。
6 太重感情會讓人不斷自掘墳墓。
7 我們並非不知道要「看得開」，但要慢慢來。
8 不懂得帶眼識人乃此種人的大忌。
9 縱然看見世界不美好，但仍相信人是善良的。
10 受過傷不代表不敢付出愛，但要求聖靈步步引領。

11
Inner voice
埋沒

有才華的人始終會找到讓他發亮的地方，
所謂埋沒只是暫時的。
但空有才華而不努力的話，
被埋的可能性就會增加。

棄如敝屣又如何？

那天，在咖啡室，聽她幽幽道來被老闆突然辭退的經過。

「這一個月，我都感覺風雨欲來，只是沒想到那樣快！」她本來跟的舊老闆突然移民，她負責的部門換了新老闆，竟是一直跟她不咬弦的他。

「他一上任，就發給我大批工作，怎做也做不完。最近還替我請了一位副手，其實公司內部絕對有人能勝任，但他卻讓這副手『空降』至部門。」她起初只是懷疑這老闆別有用心，但從沒想過一個月後，老闆就跟她說要升這位新同事，把她調到別的部門。

「那調調部門也好啊，避開他，做點新的嘗試。」

「我感覺不是被調，而是被『掉』：廢掉，去掉啊！」也難怪，因為她被調去的，是完全不熟悉的部門，等於要從頭開始。「這種調動，其實跟炒魷魚沒分別！」所以，她想了一天，便遞了辭職信。怎知道老闆說那最好即日離職，她也在當天離開了這所工作了十多年，滿載著她感情與青春歲月的公司。

聽罷她的故事，心有戚戚然。總覺得，那些情節，那份感受，有點似曾相識。

離職，本不是甚麼大不了的事。但因為太愛這份工作，太一廂情願地以為人家也將你視為心腹般不離不棄，到有天不情願地離開，那份傷心難過，簡直是錐心之痛。

事後，很多人都覺得，被深深投入（甚至感覺如「賣身」）的公司棄如敝屣，感覺很酸溜溜，很苦澀，也很不公平。是嗎？

的確是，所以也不敢跟她多談，只有遞上紙巾，讓她哭過痛快。

只是，隔了幾個月，再見到她，仍是那樣憤憤不平：「你知道嗎？我一走，公司居然把我跟同事在網上的合照都刪得一乾二淨！」

算了，既然選擇離開，又何必回頭再看？

曾是過來人，好想去勸勸好友，但知道還不是時候。等她那道心頭氣消退，可能過了些日子，她會看清事實的另一面：就是老闆為何要將她辭退？

原因很多，可能她覺得在公司跟同事關係打得很好，以為老闆不能動她一根汗毛。又或者，她對老闆的態度並不友善，讓對方不爽。又或者公司想栽培後進，請些年輕的來取代她這些高薪厚職的「老油條」。總之原因很多，但最重要的一個就是：他是老闆，我們是下屬。他要炒你，是鐵一般的現實。

問題只是，人家將你「棄如敝屣」，我們是否視自己為一雙又臭又舊的破鞋，才是癥結所在。

記得自己曾經歷過類似情境，怎樣從低谷中爬起來，需要一點光，一點勇氣，還有多多的毅力。

光從哪兒來？就是從上主的話，知道「要專心仰賴耶和華，不可倚靠自己的聰明，在你一切所行的事上都要認定他，他必指引你的路。」（箴三5）在那些有苦無路訴的日子，就把這節經文背誦在心，無論得時不得時，我都這樣自我鼓勵，深信上主一定把我視為一雙珍貴的鞋子。我也愛在陽光燦爛的早上，走出家中小小的露台，看著山邊的綠樹，聽著鳥語，看著陽光灑落在樹葉上，感受著陽光的溫暖與盼望。

問題只是，人家將你「棄如敝屣」，我們是否視自己為一雙又臭又舊的破鞋，才是癥結所在。

那一點勇氣就是**不要以為「此處不留人」，從此就玩完**。不！那只是一塊小小的園地，外面仍是海闊天空。問題只是，我們是否敢踏出一大步，離開舒適圈，走上從沒走過的路。以前在大公司，甚麼都有人照顧照應，現在可能事事都要親力親為，甚至低聲下氣，那又怎樣？這才是翻身應有的姿勢。

至於毅力，則是少一點都不可。告誡自己：堅持，堅持，不要放棄。讓心中多存放這些正能量的話，成為自己每天的鞭策吧！

在辦公室，看著她轉身遠去的背影，默默為她禱告。求主醫治保守，讓她有天知道，上主從沒離棄！

不要以為「此處不留人」，從此就玩完。不！
那只是一塊小小的園地，外面仍是海闊天空。

放冷了的茶，淡而無味，還是斟個另一杯好！

人走茶涼十思

1 千萬別賴死不走，會更自責痛苦的。

2 走了就是走了，人家要留時間招呼後來者的。

3 每一趟的離開，就如一面鏡子，映照出人的善惡真偽。

4 無論嘴巴說得多欣賞都好，沒有行動的連結，都是虛話。

5 最漂亮的話極可能是最醜陋的、最不堪回首的。

6 放冷了的茶，淡而無味，還是斟個另一杯好！

7 是戰友的走後仍會聯繫，不是的由他走罷。

8 戀棧懷舊是「人走」的大忌，切切戒之。

9 年紀大了，就要學會兩個功課：忍心與放手。

10 忘記背後、努力面前、專注當下，是最好的自我激勵。

12

Inner voice

自貶

覺得自己一無是處，一無可取，
那只是心情壞透的錯覺。
揮別那些讓我們日漸自貶衰殘的說話，
來個心靈大掃除！

最大的陷阱：對自我的拒絕

疫情期間，身邊的人都愛看韓劇。好，接受推薦，就看看近日網路上瘋傳的《夫妻的世界》吧！

友人說：「這齣劇對夫妻關係跟溝通都有細緻的描述。」本以為這是一齣溫馨的小品劇，怎知道原來是講婚外情的，更沒想到是大婆小三還有那位夾在中間的丈夫之間的恩怨情仇，藕斷絲連的情節，將人性的醜惡暴露無遺。

看了幾集，已有點失去耐性。發覺自己就像那些追劇的師奶一樣，邊看邊質疑(罵)，但還是要看！哈哈！

直到那天，看到劇中的大婆，因被丈夫唾棄，被兒子責難，獨個兒跑到海邊，準備跳海自盡，怎知道卻被想追求她的金醫生落海救她。他努力拍她的蒼白的臉頰，將她拍醒。怎知她一醒來，就在金醫生懷中痛哭失聲起來……

看到那幕，我的心揪動了一下。很能感受到那種被眾人唾棄的孤絕無助，徬徨失措。

那又是另一個似曾相識的境況。只不過印象中攬抱著我的，是我的至親。他看著我放聲大哭，卻愛莫能助的憂愁臉孔，至今仍歷歷在目。

是的，當然被背叛離棄，還要被質疑個人能力，否定過去的當下，最容易墮下的陷阱，就是自我拒絕，自我低貶與排斥。

「我真的沒有能力！」

「我真的有眼無珠！」

「我真的力有不逮！」

被背叛離棄，還要被質疑個人能力，否定過去的當下，最容易墮下的陷阱，就是自我拒絕，自我低貶與排斥。

這些自我對話，很容易將我們拖到絕境。因為當我們自我拒絕的當下，是聽不見也感受不到別人的安慰肯定。耳朵像聾了，眼睛也瞎了，看得見的只有被評價鞭撻至「半身不遂」的、楚楚可憐的自我，還有漆黑的未來。

這種情境，就如我所敬重的靈修大師盧雲(Henri J. M. Nouwen)所言：

「人生最大的網羅並非成就，人氣高企，權力在握，而是自我拒絕……當我們只願意聽內心那把聲音，說我們是沒有價值，不值得被愛，那麼成就、人氣、權力就很容易被視為解決方案。」

(“Over the years I have come to realize that the greatest trap in our life is not success, popularity, or power, but self-rejection... When we have come to believe in the voices that call us worthless and unlovable, then success, popularity, and power are easily perceived as attractive solutions.”)

是的，這是個可怕的陷阱，一腳踏了進去，就很容易被拖垮。感恩的是身邊總有守護的，安慰的，甚至送來一杯涼水的弟兄姊妹，讓我在絕望中仍看見光，離棄下仍窺見愛與接納。

盧雲說得好：「自我拒絕是屬靈生命的最大敵人，因為這完全違反了內心那個神聖的聲音，說我們是『主所深愛的』。」(“Self-rejection is the greatest enemy of the spiritual life because it contradicts the sacred voice that calls us ‘the Beloved’.”)

謝謝盧雲的提醒。現在回想，這些話就如慈繩愛索，只要我們能緊緊抓住，自能脫離自貶的網羅。

家中自信滿滿的柴犬 Nikita

不被看好不代表我們不夠好，更可能是比對方優秀。

面對「不被看好」十見

1 這世上能欣賞別人的本不多，所以「不被看好」是常態。

2 人家有權用他的標準來審視我，我也有權不接受。

3 愈不被看好，卻愈要求好，是個永無止境的陷阱。

4 那些不喜歡、不欣賞我們的人，在他們面前多努力也是白費。

5 倒不如認真努力，人家終會看見而由衷欣賞。

6 不被看好不代表我們不夠好，更可能是比對方優秀。

7 與其因不被看好而受屈生氣，還不如努力奮鬥爭氣過日。

8 對不被看好的人的話，真的要有一種「何足掛齒」的灑脫。

9 給你好看好像是一個回應，但為何人生要被「你」操控？

10 主啊，我深知不被看好有時，被看好有時，願等待此時。

13
Inner voice

距離

臉善心惡（毒）的人最難搞！
別得罪，保持距離就好。
用在人際關係上，留有餘地的距離，
也會讓彼此感覺舒服。看看對方的眼神，
往往看得出彼此的距離有多遠。

最難學的藝術：對事不對人

年輕的時候，常會為碰到某一類人生氣，就是那些口不對心、反口覆舌的人。看在眼裏，不屑在心中（請千萬別用「愛人如己」來反駁，這道理我們都知道，但有些人真的看不順眼就是，請諒！）。

為何我會知道？就是在這個場合，他明明在批評某人，怎知在那個場合，他卻是擠到對方身旁，極盡阿諛奉承。

又或者，明明大家說好要進行 A 方案，滿以為得到共識，到表決時他卻說 A 不好，提出了 B，還說這是他獨特的見解，這讓大夥以為站在同一陣線的人，莫名其妙。

當然，更有一種是擺明不喜歡你。你講話，他叫你閉嘴；你發表的意見，對方從不當一回事。那時感覺，對著這樣的人開會，簡直浪費時間。

那些血氣方剛的歲月，總有一種隱隱想揭穿對方真面目的衝動。想歸想，還是沒有行動。

更難接受的是，碰見某些「高人」，他們人前一副樣子，人後卻是另一副樣子。他們可以表面說仁慈的話，其實不仁不義；一個嘴巴說「視錢財如糞土」，但腰骨卻因為五斗米彎曲起來。

人愈長大，見了更多「世面」，對這類人已是屢見不鮮，見怪不怪。但偏偏入世愈深，就會發覺他們如那大型連鎖便利店的廣告所言，「總有一個在附近」。

避無可避，躲無可躲！

請教過前輩，給的忠告是「保持距離、對事不對人」。十分人愈長大，見了更多「世面」，對這類人已是屢見不鮮，見怪不怪。但偏偏入世愈深，就會發覺他們如那大型連鎖便利店的廣告所言，「總有一個在附近」。

受用。

保持距離，就是說不能走得太近。他們通常居心叵測，就算笑臉迎人，也可能是笑裏藏刀。還是保持起碼的社交距離，免得被惡人有機可乘。而所謂機會，不外兩種：一是靠近你，一是隔離你。靠近你的時候，甚麼甜言蜜語都可以說出來，隔離你的時候，甚麼壞話都可以出口，甚至當你「透明」(就是不存在)似的。碰上前者，讓人覺得心寒；碰到後者，會讓人心死。所以，還是保持距離，切勿以心相交。

對事不對人，那就更難。明明不喜歡他這個人，但對他的意見卻要接納，可行嗎？初期，感覺很不容易。因為「不喜歡」就會造成偏見，會懷疑他所說的是否別有目的等等，諸多猜測。

「要知道，你跟他只是開個會，不是要做甚麼知交好友。就應該學習抽離，照事論事，那才是與會者應有之責任。」身邊的高人這樣指點我。想下來，也有道理。

「那如果開會時，他不斷打斷我的話，不讓我發言呢？」我追問是因為確實碰過這樣情況。

「那得看你是否『過度』發言？」高人繼續提問。

「甚麼是『過度』？」

「任何項目都搶先發言，只有你講，沒有別人的份兒？」

仔細反省，覺得「沒有」。因為許多時候，發言的機會都只有那麼幾分鐘，許多時候也要三思才講，不敢輕舉妄動。

「那他不理會你就舉手吧！」哈哈，好主意！

要知道，開會的目的只有一個：集思廣益，把事情做好。提出的意見，不外幾種：

同意某個方案，也可多加修訂建議。

不同意，另有建議。或單純的不同意。

表達不同意(或個人意見)，要記錄在案。

就像這天，我在會議中，舉手對他的看法表達贊成同意。會後，她追著我問：「我們不是覺得他怪怪的，經常說了不算數，你怎會支持他？」

「我支持的是他的這個方案，因為覺得可行！」

「呃！可以這樣嗎？」

「我是針對這件事，跟他的人無關啊！」那個下午，老娘我就跟年輕的她在餐廳中，侃侃而談「對事不對人」之道。這種道理大概是過了某個年紀才能明悟，我身邊的其中一位高人，就是「自慢」系列的作者何飛鵬先生，在他的近作《自慢10：18項修煉》（商周，2017）就提到對這些麻煩人的相處之道。

誰是「麻煩人」？可能是自以為是、蠻不講理、不給資源又強迫你在指定時間完成工作的主管，當然也有些是能力欠奉，卻又頤指氣使的夥伴。但他的忠告卻是：

「人一生中一定會遭遇各種麻煩人，而我們不能挑選……最好的信念就是『沒有不能相處的人』，任何人我們都要想出相處與對應之道。」

完全同意。這些日子以來，碰到這些人就當成是一個修煉的功課，不讓自己動氣，也不讓自己被對方的話語與攔截奪去「發言權」。

我相信，人在活，天在看！不用懼怕！

學習抽離，照事論事，那才是與會者應有之責任。

距離十思

1 距離在人際關係中，是一件彼此保護的外衣。

2 跟開車一樣，走得太近就容易相撞。

3 人際間沒有了距離，很容易連尊重禮貌也欠奉。

4 很多人怕親密碰觸，距離會讓他們感覺安全。

5 保持距離的交往，讓彼此都有進退的空間。

6 走得太近讓人看得模糊，保持距離會看得更清。

7 沒距離的剖白交往要慎選對象，小心最後遍體鱗傷。

8 請小心身邊那些無端走近且有所求的人，定要保持距離。

9 至於落難時袖手旁觀、刻意保持距離的，更要小心。

10 深信聖靈會帶領引證，誰是值得貼心的好朋友。

14
Inner voice

忍耐

每天要面對的某種等待，就是忍耐的操練。
忍耐也要有個限度，
特別對著得寸進尺的人。
熟練後的忍耐，是內心充滿平安的。

每天要面對的某種等待

從小，我就是個急性子。要我等，要我慢，都是極度艱難的事。

不信！從日常生活說起吧，比方說你現在家中，等下要坐地鐵。那你會在甚麼時候把八達通拿出來？到地鐵站時，坐巴士去地鐵站時，出門口時，還是一想到要坐地鐵就拿八達通放在口袋？哈哈，我絕對是後者。是個刻不容「緩」的支持者，說白一點，就是等多一分鐘都嫌長。要我忍耐，更是難上加難。

怎知道，艱難的出現，讓我逼於無奈學習忍耐。

第一個艱難，是身體的脆弱。這十多年，進出醫院的次數不少。有好幾次還要打麻醉針動手術，最怕的是手術後一覺醒來那種徬徨無助的感覺，還有那種遙遙無期不知何年何月才康復過來的等待。

記得那趟因為麻疹進了醫院的隔離病房，問進來照顧我的醫護人員，何時得知檢測結果，何日可以出院，得到的答案都是：「不知道，很難說！」而且愈追問愈不得要領，惟有乖乖在病牀上，學習忍耐與等待。

第二個艱難，是眼前的困局。出來工作好，出外開會也好，總會面對一些難熬的人和事，也是一個忍耐的功課。做人處事，總不能碰到「跟自己頻道不同」、意見不合的人就退避三舍，或逃之夭夭。於是，每一個難纏的人，就成了我們要學習忍耐的對象。不過，忍耐也要有個限度，總不能讓人家得寸進尺，步步進逼而不出聲攔阻的。

第三個艱難，是達成夢想的必修科。這世界沒有一步登天的目標，很多夢想的達致，都是經年累月的辛勞與血汗，少一點都不行。但在開始與終點之間，卻會碰到很多「阻滯」，如天時地利人和之中三缺其一；又或者遭旁人指指點點，記得曾經聽過類似這樣的話：「你沒有 XXX 幫你，怎能成事！」那刻很想反駁，但卻因著忍耐，按捺內心的不甘與憤怒，留待他日事成，昔日那些揶揄的大嘴巴自然啞口無言。

說穿了，忍耐就是在艱難中，我們怎樣面對的態度。是任憑艱難誇勝，是撒手不管，還是無論難關有多大，仍從容自在，想辦法過關斬難。

忍耐也是接納事情的發生，雖然不能盡如人意，甚至出乎我們意料之外，那又如何？其實是讓我們看到多一個可能，多一種方法解決問題。

說到底，忍耐就是如下面這句話所說：

忍耐就是等待，但不是被動的等待，那是慵懶。而是繼續前行，縱使路是難行，步履也愈走愈慢，仍堅持去走，以致達成目標。

有夢想的人，我們需要操練這種能耐啊！

忍耐就是等待，但不是被動的等待，
那是慵懶。

急躁的源頭，通常是與「多」、「快」、「好」有關。醫治急躁，從調慢心中的那個時鐘開始。

急躁十省

1 急性子的人容易急躁，但非必然。

2 急躁的源頭，通常是與「多」、「快」、「好」有關。

3 急躁的人眼中，總覺得別人不夠自己辦事乾淨俐落。

4 急躁不是病，但久而久之就會因急生怨怒，而最終傷了身子。

5 醫治急躁，從調慢心中的那個時鐘開始。

6 如果能夠明白接納，很多人與事是急不來的，已是走了一大步。

7 每天給自己一些空間去操練安靜和冷靜，乃抗躁良方。

8 事先做好計劃安排，不要臨急才做，可避免為急躁留地步。

9 最好在急躁開始爆發前就察覺，勸誡自己「欲速則不達」。

10 求問賜人平安智慧的上主，效果比自己乾著急好多了。

15
Inner voice

界線

別覺得我們有時會拒絕所求，
就是對人冷漠無情。
因為愛，就是要有界線，分清楚哪些是
你我該負的責任，是無人能代替的。

痛定思痛的教訓

在我的人生旅程中，常常聽到類似的話：「小心這個人！不好惹！」

又或者，「她真的很過分，將你用得很盡！」

是嗎？以前覺得不是不會，但歲月與人事折騰帶來沉痛的教訓，讓我開始聽聽這些諫友之言。

是啊！為甚麼明明給了她一條魚，怎麼還要多五條？然後當我拒絕時，她又會辯說：「其實我沒要求你這樣做，是你對自己的要求！」真的很想回應一句：「『要跟不要』都是你說的，小姐！」但勒著舌頭，告訴自己：君子不與小人爭，算了。

也有那個他曾這樣說：「因為我跟你很熟，所以才請你幫這個忙！」其實，我真的跟你很熟嗎？一年也見不到幾次面，每趟都是匆匆的來，匆匆的去，還好意思要我這個交情？

我承認，以前的我很傻，也很單純。總覺得身邊的人有需要就幫，問那麼多幹嘛？但不少慘痛經歷讓我知道，這個原則是行不通的。因為愈幫忙就愈「惹」更多人來求助，他她他都要幫忙，一個人怎幫得那麼多？

我不是「救世主」，從來都不是（這是常告誡自己的話）。因為過去的日子，我是那種別人有需要就大發熱心的人，後來才發覺，幫了一次便有第二次，最難搞的是你以為幫忙是彼此的。不，不！社會上有不少人是你幫他忙可以，勞煩他回饋嗎？算罷！沒有這回事的。洞悉了，知道了，就要打起精神做人，衡量過自己的人情債付出與收入是否平衡。當然更要被提點的是，不要墮進救世主的陷阱，可是萬劫不復的啊！

另一個沉痛的功課，就是以為自己是「英雄」。不是為了光環，也不是為了擁戴，而是救拔弱小的那種英雄心態。曾經，因為見到她被眾人欺負，挺身而出為其護航，感覺有點像我崇拜的蝙蝠俠上身似的，行俠仗義，警惡懲奸嘛。問題卻是，她真的是「弱小」還是「假扮弱小」？她真的如所說的那麼無助可憐，被人迫至走投無路，還是有另一個故事是不為人知的？

怎知道，真的有那些不為人知的情節。奇妙的是，一個接一個被揭露，彼此的信任開始崩潰，關係面臨破裂。

友人聽罷跟我說：「要怪就怪你太容易信任別人。」也是。信任本是人際交往的基石，但太容易信任就給了別人有機可乘，特別是別有用心者。明白的，也接納友人的建議。

痛定思痛，是中年過後一個重要的練習。

有些人只是常常喊痛，但疼痛過後，又再把自己一頭栽進各種漩渦之中，沒學會。

有些人是喊痛又思痛，但過後碰到同樣情況，還是會上當。又再當別人的救世主或英雄，他們的藉口就是「心太軟」。

只有極少數，懂得痛定思痛，犯過一次錯就不讓自己再犯第二次。曾讀過一句話，意思大概是：「不要信任一個一而再再而三蓄意打擊我們的人，第一次算是警告，第二次就是存心靠害，要敬而遠之！」

痛定思痛的功課，一定要學會。否則人生路漫漫，不學好這功課，最終吃虧受損的是自己。

痛定思痛，是中年過後一個重要的練習。

曾經，因為見到她被眾人欺負，挺身而出為其護航，感覺有點像我崇拜的蝙蝠俠上身似的，行俠仗義，懲惡懲奸嘛。問題卻是，她真的是「弱小」還是「假扮弱小」？

痛定思痛的十個教訓

1 上帝給每個人都有雙手雙腿還有一雙無形的翅膀，讓我們高飛！
2 不必讓太多無關痛癢的人留在生命中，因為時間寶貴。
3 好馬真的不要吃回頭草，因為那些草不再青澀美味。
4 找到同甘共苦的朋友當然好，但在你高興時為你鼓掌的更難得。
5 別以為你在尋找他（祂），其實他（祂）也在尋找你。
6 年輕豪言要改變世界，後來才明白要嘗試改變自己，然後發現周圍的世界，咦！怎麼改變了。
7 有時，我們要擁抱而不是揭穿生命中的奧祕。
8 那些看扁看輕不尊重我們的，要跟他們保持遠距離。千萬別以為走近可讓他們看清我們的底蘊，他們根本沒興趣啊。
9 別說遲些去做，現在就是時候！
10 主啊，倘若是祢心意，這苦杯喝就喝吧！面對難以推卸的，只有求主賜智慧引導與加力。

16

Inner voice

破裂

關係斷裂了，就再也回不到當初。
所以，三思而後言，
別讓內心一時衝動主宰著
與人的關係。

忘恩負義這筆帳

在街上，阿芳無意中碰到她，那個忘恩負義的傢伙。怎知道她一見到芳，掉頭就跑。怎知道，在街角的另一處，這對冤家又遇上了。

「怎麼會是你？」

「是我啊！你也在這兒嗎？」

「是啊！」芳點頭回應，帶著微笑。

「對不起啊！我對你做的那些事，請你原諒！」冷不提防她有這樣一著。芳本能地一把將她擁抱入懷，拍拍她的肩膀說：

「沒事沒事！都過去了！」說時，眼眶含淚。

突然，「鈴鈴鈴」聲音響起。原來，是一場夢。心理學家常說，夢是潛意識的透視，將人的想望、懼怕和憂慮都暴露無遺。如果是這樣，是否心中期望著這樣一幅圖畫，而現實又會否發生呢？不可能。芳深知道：按現實來講，真的不可能，就算發生了，也不知道自己會否這樣豁達。所以，就當這場夢沒發過，忘掉吧！遂將這個夢藏在某個隱密的心靈抽屜，束諸高閣。

過了幾天，到醫務所看病。萬沒想到，一推門內進，竟碰上了夢境中見到的她。

「怎麼你在這兒？」

「嗯，看醫生嘛！你也是！」芳點點頭。

「真巧，我那天剛好夢見你！」心中有種不吐不快的衝動，便說了。

「真的這樣『不好彩』……」

沒想到她比芳更不知所措。那個早上，兩個女人不著邊際談了幾句，就各走各的路。

我跟芳呷著咖啡，聽她帶著無奈與不安跟我分享這段經歷。事後芳感覺最難受的是：過去那盤以為被埋葬了的舊帳，又被翻了出來。芳一直念念不忘的，是過去對她的好：「想起那些一個電話就出來見面安撫的日子，想起那些提出需要我二話不說就想盡辦法幫忙的日子，想起那些送她回家好讓她家人安心的日子……」

「**從沒想過這些帳，到最後得到的是『零』！**」芳很生氣，也很不甘心，說：「不記在心，不當一回事，甚至形同陌路的眼神，我都在她身上領教過了，可以怎樣？」其實芳的經歷，我也似曾相識。她的思考，我也「墊高牀板」想過：

奢望有天誤會冰釋，大家和好如初？不大可能，但不排除上主可以有這樣的介入。

從此各走各路，彼此不相往來？正是現況。也許，保持距離是最好的狀態。她有她的空間，我有我的夢想，彼此不再交錯，就是如此了。

「聖經不是叫我們要饒恕嗎？」當然，有人會這樣問。

年少時，也以為一定要跟所有人保持關係，若破裂是不好的，不能接納的。但現在的想法不一樣了，就算耶穌在世，也有些門徒跟祂比較接近（彼得雅各約翰），有些遠一點的（其他的門徒），有些祂是多番規勸的（如猶大），更有些是祂接觸過的，卻跟祂勢不兩立的（如法利賽人）等等。很記得那句「若是能行，總要盡力與眾人和睦」（羅十二18），原意很好，也是信徒該追求的奢望有天誤會冰釋，大家和好如初？不大可能，但不排除上主可以有這樣的介入。

目標，但如今保持距離不再為自己申辯算帳，也是和睦之法。上主大概體恤人的軟弱，沒有叫保羅寫下「盡力與眾人和好」，因為這實在是知易行難。

其實，我也是喝粵語長片的奶長大的，心底對團圓和好的渴望(跟芳很相像)，仍在隱隱潛伏。但見過有些所謂「和好」，只是停了表面的口舌之爭，內裏的怨憤仍在，那樣廉價的「和好」，不想也不願為之。

如今，各走各路，心底念起的那刻，仍會暗暗為對方祝福禱告，不就好了嗎？

至於忘恩負義這筆帳，上主是知道的。所以祂會差派一些萍水相逢的人介入生命當中，讓彼此生了一種一見如故的共鳴，然後心靈連結為友，也有些縱然聽盡外界閒言但仍對你不離不棄的，更要格外珍惜。

「說的也是，近年曾經親密的她離開了我的生活圈子，反而讓我有機會認識了不少新朋友。」芳是同意的。

是啊，看看我們在這些年認識了不少仗義幫忙介入我們生命的朋友，讓我對「忘恩負義」這筆帳，有了新的算法，就是不用斤斤計較，因為上主的厚恩安排，蓋過了那筆人際壞帳。

見過有些所謂「和好」，只是停了表面的口舌之爭，內裏的怨憤仍在，那樣廉價的「和好」，不想也不願為之。

分道揚鑣十想

1 你有你的選擇，我有我的方向，道不同就要分。
2 人生總有離合，何必耿耿於懷！
3 向左走，向右行，各走各路，原有定時。
4 然而看著絕塵而去的你，內心竟生一種割裂的隱痛。
5 所謂長痛不如短痛，分道揚鑣正有此作用。
6 別以為分道揚鑣就各散東西，可能山水有相逢啊！
7 各走各路是事實，但遺下的回憶卻需要時間蒸發。
8 最好的揮別，是來個拍拍肩膀彼此祝福，再上路。
9 如果想起，就為離去的他送上遙遠的祝福。
10 只要大家都在主裏，再會仍是可能。

17

Inner voice

惡言

面對口出惡言暴跳如雷者，
別將他的話放在心裏。
因為有時他自己也不清楚講了這樣的話，
我們又何必銘記於心？

難聽的話怎回嘴？

這天，接到她氣沖沖的電話：

「我一心一意買一份生日禮物給她，她不但不領情，還說『這些便宜的東西我用不慣』，你說我生氣不生氣？」

聽起來，也是一句難聽的話，但為何友人會說出口，這才是問題。後來才知道，這屬於女人家的是非。她聽到友人說三道四，到處說她的不是，但她又是重情的人，不想就此中斷關係，於是趁著友人生日，作點表示。但萬沒想到，友人毫不留情頂撞過來，她便不知如何回應。

「那你把禮物收回？還是……」

「當然沒有。我的原則是『禮物送了出去，就不收回』，只回了句『你用得著的時候就用吧』。」

哈哈，還是好友有風度。心想，如果換了是我，可能就說「便宜貨，還是留給自己用好了，你說得對！」

不過，難聽的話是在我們生活圈中存在的。而且，甚麼羣體都有。但先要明白，甚麼叫「難聽的話」。

正所謂每個人的領受不同，**脆弱的人不堪一擊，一兩句不同意的話，就會覺得難聽**。如你提出一個觀點，對方說「我不同意」，這是觀點角度，不能算為「難聽」。當然，如果對方說「你這樣愚蠢的話都講得出」來批評你的看法，對個人下了評價與貶意，這些話就難聽極了。其實這些話我都聽過，如「你這篇也算是文章嗎？」之類，你可以說對方為你好才這樣「鞭策」，但我卻覺得這些鞭策還是收回最好。

此外，**難聽的話之所以難聽，是跟個人期望有關**。我們期望對方能欣賞自己，鼓勵自己，結果聽到的卻是那些打擊自信的話。這些話不單難聽，更有如重槌錐心。經歷中也試過如此，滿以為對方會誇讚一番，怎知換來的卻是連番武斷的批判，特別出自一位曾深深尊敬的人的口，那不單是難聽，更是難堪。

還有一種難聽的話，就是會議中常見的，提了些主席覺得不中聽的建議，惹得對方說些不客氣的話。這也是職場中常見的，簡單來說，就是你我並非「老闆那杯茶」。我們提議的，他當作「耳邊風」，從來都不放在眼裏。面對此種情境，友人問我會怎辦？我嘛，卻是固執的，不放棄的那種。深深覺得既然要開一個會，就會表達意見，而我的意見主席聽不進去，也總有人會聽到。而且，會後還可以聯絡有心人，跑出「體制」（包括公司機構等等）之外另闢門路實踐信念也未嘗不可。

試過好幾次，在會中的建議不被重視，甚至被評為「不值一哂」的婦人之見，怎知會後卻有欣賞者走過來聯繫。然後，將夢想轉到另一個平台「深耕細作」，成就了另一件好事。

當然，**難聽的話還是少聽會對心靈好一點**。而聽過這些難聽的話，我們便更懂得慎言，免得重蹈別人的覆轍。

最近讀到一本十分有趣、正中下懷的書，名叫《成熟大人回嘴的藝術：有人酸你、挖苦、打壓、諷刺你時，與其默默承受，你要走到對方面前這樣說……》（大是文化，2016）。作者片田珠美是一位精神科醫師，深諳平凡人的心理，更懂得溝通之道。他形容這些說「難聽話的人」，是一些喜歡挖苦別人的人，如身邊的親人朋友同事，甚至另一半，但偏偏又是不可以輕易斷絕來往的。

他建議面對的時候，最高的指導原則就是「不搏鬥」，讓對方的擊拳落空，特別是面對那些激動的、大聲夾惡的、蠻不講理的言語攻擊，回嘴的語氣必須是「不痛不癢，讓對方知道這樣說下去於事無補」。讓對方感受到他的攻擊對你絲毫不起作用，這才是高招。

有好一陣子，買了這本書回家細讀，真的獲益良多。特別在這個難聽的話可能要天天聽的時代，要學習分辨過濾，甚至要硬著心腸，學懂保護自己。只是回想起來，也很感謝這些親身的或道聽塗說回來的經歷，都成了我的珍藏寶劍，知道何時可拿出來一揮，驅趕那些來歷不明或不懷好意的人，讓自己落得耳根清淨。

面對那些激動的、大聲夾惡的、蠻不講理的言語攻擊，回嘴的語氣必須是「不痛不癢」。讓對方知道這樣說下去於事無補」。讓對方感受到他的攻擊對你絲毫不起作用，這才是高招。

這十種話，怎回應？

1 **直接**：衝口而出的話是一語中的或無的放矢，要分辨！

2 **涼薄**：尖酸的話來自嫉妒的心或沒教養的人，遠之！

3 **揶揄**：指桑罵槐難以理直氣壯，隨他吧！

4 **背後議論**：若是真朋友，何不當面說。

5 **誣衊**：有關人格的貶損，一定要澄清。

6 **挑撥離間**：是一個與密友信任並友情的考驗，要選擇聆聽！

7 **批評**：最易說出口，也容易「回收」。

8 **負面**：雖然有共鳴，但聽得太多會沮喪，多聽無益。

9 **不負責任**：說的跟做的不一樣，這類人萬不可信也不可跟。

10 **污穢**：入口的不能污穢人，出口的才能，求主保守我心。

18

Inner voice

成熟

察覺自己的以前曾經與現在當有分別，
是思考上開始成熟。
老覺得別人比自己好運氣，
老羡慕別人的平步青雲，是嫉妒化的成熟。

所謂境界看到的是……

人過中年之後，愛跟年輕有為更是有心服務社會的後輩見面。一方面想多聽聽他們的見解，了解時勢，另一方面是在彼此身上學習，我強調彼此，因為我們也要不斷學習，才能追得上時代。

這天，她氣沖沖跟我談到一個「極其厭惡」的人物。

「看見他的背影已經討厭，為何要跟這樣的人合作？」

有時，世事就是如此。你不愛此人嗎？偏要安排坐在你旁邊，讓你天天對著他。呵呵！

「那就當他是一個學習的 project!」是的，一個有待探討的課題，一個有待解決的問題，好嗎？

「當他不是人來看待？」她回答得坦率。

「我的意思是，不要放真感情，也不要抱大期望，這樣的話日子會好過一些。」意思就是，受形勢所迫要屈就其下，就盡量寡言少語，如非必要，不用太多溝通，免得自己按捺不住引起爭拗。

「不是該爭取機會跟他溝通，希望他多點理解明白嗎？」

是，但問題是他會聽，又或者聽得明白嗎？

「這……試了多遍，沒用！」就是嘛！這類人一是天生「牛皮燈籠，點極都唔明」，要不就是「自己永遠是對的」，不聽旁人規勸。如果是這類人的下屬，能做的就是「盡上自己本分，做好自己的工作」，若對方真的壓著下來，為給自己留一點空間，「陽奉陰違」也是個辦法。但這些都沒用，又逼至走投無路的話，

「離開也不是一件壞事」。

「前輩，真想有你這種境界？但現在的我不行，還是會生氣動怒。」明白的，我在你那個年紀，何嘗不是以為「挺身而出」就是勇敢，後來落得心靈破損，幾乎陷入憂鬱。

接著，我們談到一個人的境界，是怎樣的一回事，也讓我想到面對人生，我的三種境界：

努力，一定會有成果。這是我人生的第一種境界，也是媽媽常跟我說的：「沒有天份不要緊，努力就會有成果。」所以很努力的練習跑步跳高跳遠游泳甚至自學保齡球，讓自己在運動方面能出人頭地。至後來有機會入行當編輯學寫作，也是這樣孜孜不倦，當人家進入夢鄉的深夜，我會翻著字典背誦中文詞語成語。回想起來，當初如果沒有這些努力，怎能跟那些唸中文系新聞系出身的科班相比，還記得那一篇篇被改得「七彩」的採訪文章，曾有多少次想放棄又重拾再寫，至資訊時代要學打字重新適應，明知自己老花已深仍全力以赴，因為曾那樣執迷地相信：「努力，是會有成果的。」

努力，不一定有成果。人家不怎樣努力，卻成效顯著。嗨嗨，這個階段相信不用寫得這樣「白」，大家都懂的。的確，身邊有不少人，攀這個附那個，很容易「上位」，有人說他們「走精面」，實在看不過眼。我的回應是：「放長雙眼看吧！」真的有實力，上位不久就知道，走旁門左道的最終會「露底」。至於人家可以上位，是否就否定自己的努力，或者覺得「算吧！反正努力都不會有成果的，人家也不會欣賞。」這種態度，我不能苟同。努力是因為某個信念目標而去做，有人賞識是bonus，沒有的話仍可以繼續做，總有一天會有人看出來的。為何因為人家的不努力就抹殺自己的努力，不值！

雖然知道努力不一定有成果，仍堅持努力，並鼓勵身邊那些努力的人。這是我現在的境界，無論得時不得時，被看見或不被看見時，被貶或被讚時，都會繼續努力。也因為這樣努力，自會吸引同道走過來，伸出友誼之手，締結同盟。而現在更開心的是，遇上那些「努力不懈」的後輩，看見他們比自己更出色優秀，那種在旁拍掌的開心滿足，離開嫉妒圈套的那種悠然自得，實非筆墨所能形容。

讀到這兒，也許你會覺得，若自己的人生座右銘不是「努力」，可能是「誠實」、「善良」等等，都沒問題，只要繼續實踐揣摩，自能辨別自己在哪一種境界。

而境界這回事，不是一條公式就能承載，是要用生命影響生命的實踐來體會的。就正如多少年前聽過的那種境界：先是「看山是山，看水是水」，接著是「看山不是山，看水不是水」，到最後是「看山仍是山，看水仍是水」。很玄妙是嗎？

境界，正是如此。

境界這回事，不是一條公式就能承載，是要用生命影響生命的實踐來體會的。

小學三年級的時候，曾在我的志願寫了想當「爬格子的動物」。那時不明白為何對寫作有那樣一種熱誠，總之心裏就覺得愛寫跟講故事，愛執筆。當年羅曉梅老師（右）說我將來可以做作家，老師鼓勵我的話，如今仍銘記於心。

努力十訣

1 知道沒有甚麼是「非要得到不可」，但仍會努力以赴。
2 明白在人看來「退而求其次」的，原來滿有主的恩典。
3 沒有哪種關係是一生一世，但仍會努力經營得來不易的連結。
4 努力不會立刻看見成果，但一點一滴累積起來就見成果。
5 別輕言做這做那沒用，看看是否慵懶不進取的藉口。
6 習慣做自己想做的事，拒絕困難與陌生的事物，是努力的攔阻。
7 若已熟悉一個領域，就找別的來學習，不要停在那裏。
8 努力認識新朋友，學習別人的優點長處，就是開拓新的領域。
9 與其眼紅別人的努力，不如花時間發掘自己的潛能夢想。
10 抛開背後的榮辱，向著主所託付的努力直奔，是蒙福的。

叁

成為此刻的自己

停下來，原來可以細看此刻的人生風景。
我仍相信，此時此刻
是最好的空間與人連結。
我仍堅定相信，我的未來在祢手中，
我們不用懼怕。

19

Inner voice

經歷

愈來愈覺得，人生是一道謎題。
見識閱歷廣了，
明白每個人之所以成為何等樣人，
背後通常有些「不為外人道」的經歷。

所謂真實的事情

年輕的時候，碰到不順心的事情，總會問一句：「為何偏偏選中我？」那時覺得事情的發生是衝著自己來的，由於缺乏經驗應對，往往也被這些人生波濤殺個措手不及。

那時，很羨慕那些被選上的，站台的，口口聲聲說要為這個社會或教會幹一番大事業的她跟他。

「不用羨慕別人，人生的路很漫長，一直看下去吧！」坦白說，年輕的我聽到長輩這樣勸勉，總是不大服氣。要等多久，要看多遠，為甚麼他們可以這樣得意招搖，我卻頭頭碰著壁，事事不如意！

還好，埋怨歸埋怨，我還是一頭栽進服事夢想的追尋，沒有被這些景象擋住前路。你可以說我有點盲頭蒼蠅的魯莽，但有時候突破眼前困惑正需要這種見步行步的不甘與點點勇氣。

後來，碰到的不爽事，不如意事愈多，發覺自己早已預期，甚至有點習慣了。

好像，既然動筆寫的東西，一定有人批評。

站在台上宣講的信息，當然有人喜歡，有人不喜歡。

更多的是在預期事事順利的當下，突然殺出個諸多批評的攔路客，並以一副君臨城下的高姿態出現。這種情況更是碰得甚多。

可以怎樣？

不要硬碰，因為彼此位分懸殊。人生旅途上，通常那個攔路殺出的某某，都非等閒之輩。一定有著某種的權勢在握，跟他硬拼是白費功夫的，倒不如找找他周圍有否可商量的盟友，從那兒著手比較可行。

退而求其次。這是更多時候的選擇，有時第二第三選擇，可能是更好的貼近現實的選擇，只要達成目標，有何不可？

陽奉陰違。哈哈，嘴巴不跟他爭拗，但雙腿最誠實，就是不強迫自己做不願意也不同意的事。

說穿了，這些都是經歷累積而成的經驗，而經驗又累積成智慧。

經歷是我們活生生耳聞目睹的人與事，但經驗卻是從中擷取的智慧與教訓。一個人願意反思所見所聞，又願意閱讀理解多方探索的話，經歷就會變成寶貴的經驗。但若我們不思不解，就算經歷了多少事情，也只在原地踏步，不知何謂長進。見過一兩位經歷是我們活生生耳聞目睹的人與事，但經驗卻是從中擷取的智慧與教訓。一個人願意反思所見所聞，又願意閱讀理解多方探索的話，經歷就會變成寶貴的經驗。

年輕人，雖然閱歷不多，但因為謙卑好學，吸收得很快，聊起天來一點不輸咱們這些所謂經驗豐富的老娘。

至於信仰的追求，個人經歷更不可少。甚麼是個人經歷？就是如從聖經上讀到詩篇二十二篇這兩節：「但你是叫我出母腹的；我在母懷裏，你就使我有倚靠的心。我自出母胎就被交在你手裏；從我母親生我，你就是我的神。」（詩二十二9～10）

正正是我深刻的經歷。念起出生時未足月，媽媽辛辛苦苦把我生了下來，但這個未足月的嬰兒卻臉色紫黑，好像快養不大的模樣，媽媽就將我獻給天主（因我在天主教醫院出生）。到我信了耶穌，跟隨外子到台灣宣教，媽媽就説我是上主養大的。這句話一直銘記於心，是的，「從我母親生我，你就是我的神。」這是我獨一無二的人生經歷。

今天早上，翻讀我至愛的作者羅爾（Richard Rohr）神父作品彙編成的 *Yes, and ...: Daily Meditations* 一書，其中一句這樣說：「我們所謂深層次明瞭的那些所謂真實的事情，都是我們親身經歷的。」（"The only things we know at any deep and real level are the things we have personally experienced."）說得真好。

信仰沒有經歷，沒有轉化成經驗之談，就是硬繃繃的教條，難啃的道理。但當我們真實經歷過，感受就很不一樣，是刻骨銘心的。

所以，人生的經歷（特別經歷上主）是個寶庫，很寶貴也很豐富，我們不能隨意浪費。

“信仰沒有經歷，沒有轉化成經驗之談，就是硬繃繃的教條，難啃的道理。”

經歷恩典，就會對身邊的人心存感激；經歷背叛，就會懂得往後要帶眼辨人。壞的經歷可以帶來好的教訓，別輕看之！

經歷十思

1 這是我的人生，也是我的經歷，是很個人的。

2 有人將經歷看作平常，有人視之為寶貴的人生功課。

3 經歷有如人生的帳簿，打開來看就知道是否收支平衡。

4 經歷恩典，就會對身邊的人心存感激。

5 經歷背叛，就會懂得往後要帶眼辨人。

6 壞的經歷可以帶來好的教訓，別輕看之！

7 你的經歷跟我的不一樣，不能隨便比較。

8 誰能以深刻的反思去看待自己的經歷，便會成長。

9 愈用心專注生活，見聞經歷便會愈多。

10 求主指教我們怎看待個人的經歷，讓我們真知道祂。

20

Inner voice

親密

任何親密關係要贏取的不是溝通，
而是彼此的心。
過度親近反而讓我們看得模糊，
保持距離才是最佳姿勢。

女人最想要甚麼？

好久以前，這是一個佈道會的題目，而我正是講員。現在問我當時怎樣回答？早忘了，但題目倒是記得一清二楚。也是我常自問的，我到底想要甚麼？

如果問身邊的女人，聽到的答案多是：**女人要人愛，要人尊重**，要人逗她開心，總是離不開愛與關係。正因如此，女人很少將事業工作升職等等，放在優先次序的首位。女人因為想得到愛，可以隨時隨手放棄手上所有的，就是因為遇上一個她覺得可以長相廝守的人。

見過不少姊妹，因為渴求愛，變成了飢不擇愛，最後落得遍體鱗傷。不是不想勸她，但當女人一頭栽進愛情陷阱時，任誰也勸不住。就過往幾年幫助一些夫妻走出婚外情的陰霾觀察所得，如果先生有婚外情，大多是藕斷絲連，不會一刀兩斷，所以仍有挽回的餘地。但若是太太出現婚外情的話，多是一走了之，甚至可以拋夫棄子頭也不回地離開家庭。女人為了要得著愛，可以這樣不顧後果。

但當女人有了一個穩定的家庭之後，又是否能夠滿足她愛的渴求？一直都以為是。當看著外子退休後多了二人世界的時間，看著女兒出嫁初為人母湊著孫兒的喜悅，天天弄孫為樂，跟外子也在網絡世界找到一個新的出路，滿以為我的渴求已經滿足。

其實不然。

有了家人，又會陷入另一個矛盾，就是很想親密，但卻知道要保持距離。畢竟女兒長大了，有自己的丈夫家人朋友，我這

有了家人，又會陷入另一個矛盾，
就是很想親密，但卻知道要保持距離。

個當母親的要給他們一點空間，不能說去探就去，總會探訪前通知，而且有時錯過了「機會」（就是配合乖孫作息時間表），就要等待下趟。從沒想到，那些如在學時期般有規有矩的日子，今日當了婆婆又要重新溫習。

坦白說，自孫兒出生後，我都壓抑著那種想探望的衝動。外子取笑我這種朝思暮想的渴求，有點像熱戀的時候渴望見到情人一樣。是啊，孫子不正正是我的小情人嗎？

怎樣壓抑？就把思緒放在別的事情上吧。如約約想關心的好友見面，寫寫稿子，看看書等等啦！不過，心中仍有那種按捺不住的蠢蠢欲動。

這天，乖孫剛學懂了「親親」與「飛吻」，女兒抱著他跟我們話別時，就說：「親親婆婆，飛吻婆婆啦！」把臉頰湊近乖孫嘴巴，被他親與飛吻的感覺，很甜，很甜。就會想起小時候，女兒送我出門上班，也是這樣親親與飛吻媽咪。但長大了，這些動作也消失了，這也是不愛表達感情語言的常態吧。心底自問：「如果女兒真的來親我，我會怎樣？」哈哈，坦白告訴你，我會欣然接納。只不過她不會做，我也不會表達自己的渴求。

那我跟媽媽呢？記得她在生時，好多趟我都想倒在她懷抱中，聽她向我細訴，就像回到童年時代那個小女孩般。不過，這些場面都沒有出現。我們的聊天談話，就如一對平常的母女般，或坐或站，都像一對投契的好友般維持一隻手的親密距離。

看著女兒抱乖孫親我的那刻，我為這個動作改了一個新名詞，叫「**隔代親暱**」。即或跟孩子那種親密的身體接觸已成過去，但乖孫的親近，也可以是一種補足啊！

有人說：「婆婆其實是一位神奇女俠，是和藹可親，仁慈善良，笑容可掬，愛心無限，有求必應的。」（"A grandmother is a remarkable woman. She's a wonderful combination of warmth and kindness, laughter and love."——Unknown Author）

以前對「婆婆」這稱號，總覺得很老很土，不是屬於我的。如今，卻愛聽到不得了，並且對其帶來稱譽期待，有種卻之不恭的感受呢！

給女人的十個忠告

1 好好愛自己，欣賞自己，接納自己，因為主創造了美好的我。
2 別老是在乎人家怎樣講，最重要是自己知道在做甚麼。
3 外表體型會隨年月老去，但打扮卻沒年齡限制。
4 孤單不一定是沒伴，而是容許內心的苦澀發酵而不處理。
5 購物可以紓解一時之氣（悶），但卻佔了「所餘無幾」的空間。
6 別讓那些不在乎自己、無關痛癢的人（或話），寄生在心靈某暗角。
7 付出與回饋不成正比乃常事，別陷入斤斤計較的困局就是。
8 朋友是會疏遠的，所以格外珍惜那些留在自己身邊的。
9 過去是一個沉重的包袱，拋掉它！
10 「尊主為大，以神為樂」是讓人生邁向喜樂的座右銘。

21

Inner voice

重逢

久別的、不辭而別的，
於此時此刻重逢，都是難得。
重逢不一定能再續前情，但可以將過去一筆勾消。
人生難得再相逢，主的心意在其中。

愛恨琴緣

家中買了一部新的電子琴，也是我想了很久很久才下的決定。心中不停地問：「你真的想迎接這個『久違』的朋友嗎？」是的，這個朋友不單「久違」（因家中的鋼琴在五年前被送走了），而且愛恨交集。因為一直搞不清楚，該跟「她」保持怎樣的關係？

童年時代，她一直在我家。是我跟媽媽衝突的源頭，也是自我價值受挫的一件「道具」。當然，還有那位很想把我趕出師門的嚴師。記得不知跟媽媽表達了多少次，「我不喜歡彈琴」，但她仍堅持要我學，旁人更期望我要彈得像姊姊一樣。

每趟上琴課，我的「不喜歡」就寫在嘴臉上。有一次上課忘了帶琴書(哈哈，現在想來可能是我的無聲抗議)，被老師逐出師門，哭喪著臉回家，晚上還被媽媽大罵。

那時常想，我為何要彈琴?因為媽媽的堅持，還是我真的喜歡?

叛逆的少年，是不會受父母擺佈的。大概到中四那年，鋼琴老師也到了對我忍無可忍的地步，我也對彈琴到了一個逼無可逼的境地，終於可以一拍兩散，各走各路。

滿以為可以擺脫，怎知信主以後，因著服事的需要，又要重拾琴技，像拉牛上樹般，為團契或聚會彈奏。碰上「萬事有商量」的領詩，聽到的是鼓勵的話：「這樣彈很好啊!」碰上那些要求嚴格、嘴巴不饒人的，聽到的卻是「早知是你司琴，我不領詩了!」她真的說得很白，因為深信她的要求是為了服事的專業。那時，心中曾經反駁：若果我真的很努力用心去彈奏，就算彈錯了，上主也不會怪罪吧！

幸而，也碰過幾位知音，在領詩後悄悄走到身旁，跟我說：「我聽得出你是用心靈在彈奏，感覺很不一樣！」是啊！我沒有那種如「行雲流水」的大師級奏法，但卻是一指一指從心彈出來的啊。只是，隨著司琴水準愈來愈提高與普及，在二十多年前我已退下司琴行列，安安靜靜地當一個欣賞者。

但無論怎樣，家中仍保存一部舊鋼琴，在壓力充斥的日子，在百無聊賴的日子，在前路幽暗的日子，我都會跑到鋼琴前面坐了下來，彈我愛彈的歌曲，藉以消愁解悶。

只是到某一天，家中雜物多了，看著鋼琴霸佔了客廳當眼的位置，突然心生此念：「反正音樂不是我的那杯茶，將鋼琴送走吧！」就是這樣，跟她瀟灑地分手，以為從此不再相見。

沒有一部琴在家的日子，會否想念？原來會啊，特別在那些黑暗遮天的歲月，回到家中很想彈一首《恩典之路》，只能上網播放來聽。但能夠十指在琴鍵上飛躍的滿足，又豈是耳朵聽聽就能取代？

直至乖孫出世，他原來是個不折不扣的音樂寶寶。伴著他這一年多以來，每趟他吵鬧或不耐煩時，一開音樂就會安靜下來。始發覺音樂有其神奇魔力，讓躁動的心被安撫，讓孩子體會安靜。更根本的，是音樂成了我跟乖孫溝通的另一道橋梁。

每趟見到他彈奏那部小小的玩具鋼琴時，我就想：「要不要買一部便宜的電子琴在家，可以逗逗乖孫讓他樂透？」

想歸想，一直沒付諸行動。直至新型冠狀病毒肺炎疫情的出現，由於賦閒在家，始發覺內心有一道隱隱的「琴癮」，很想跟音樂重新為友。就是這樣，把電子琴買了回來。

雖說琴是沒有生命，但那天跟外子將電子琴搭好的那刻，竟生了一種「久別重逢」的感動，眼淚一直在眼眶中打轉。趕緊走到電子琴旁，拍了張照。外子一看，說：「這張好，笑得很自然！」

是啊，因為我重尋舊夢，跟音樂重修舊好，也愈來愈明白一句話：**「是你的，怎也走不掉！」** 原來，音樂已成了我生命中的一部分，揮抹不去的，不如好好接受讓她陪伴左右吧！

（註：其實我並不如想像中瀟灑，哈哈！）

我沒有那種如「行雲流水」的大師級奏法，但卻是一指一指從心彈出來的啊。

改變十思

1 請告訴自己：改變是可能的！

2 別讓那「我就是這樣，改也沒用」的魔鬼思維掠奪了我們的心。

3 改變我們習以為常的指定動作或回應，試試看！

4 留意一下，日常有哪些積習早已成為生活的攔阻，戒掉之！

5 改變是一小步的，不用驚天動地。

6 別同一時間做太多或太重大的改變，小心應付不來。

7 其實，最需要改變的是自我設限的思維。總覺得做這個不行，做那個太危險的想法，讓我們故步自封，跳不出自設的框框。

8 別等心情好才來改變，今天有這感動就行動吧！

9 請有心理準備改變是麻煩的，但往後就會發覺其好處。

10 主啊，求祢徹底更新我的心思意念，變得更像祢。

22

Inner voice

共鳴

人與人之間的連結，通常始於一份共鳴。
你我能相遇，能聽懂彼此的話，
能明白彼此的處境。
這種共鳴，就是恩典，是主介入我生命的明證。

落難同盟

這天，約了傳聞中落難的她，在辦公室首次見面。

「我們只有幾面之緣，你怎麼會想到找我？」落難的她，難掩倉惶神色，低著頭問。

「因為禱告中想到你，就厚著臉皮找你。只是試試而已，沒想到你會答應。」我真的是如此被提醒，也就坦誠相告。

「這陣子朋友都避開我，感謝你找我！」是嗎？親愛的落難同盟，歡迎你。

若問我為何對落難的人特別有感覺，因為自己也走過類似的路。

「沒想過昔日信任的他們，會密謀反咬，而且那樣不留餘地！」她臉上的那種痛，說話時戚戚然的眼神，都是那樣似曾相識。

「明白的！」我只說了這三個字。

「難道你也曾試過？怎麼可能……」她看到是今日的我多麼美好，卻不知道這個快樂無憂的臉孔背後，隱藏著不少難以為外人道的苦楚。

是的，**她的痛楚，我有；我的苦痛，她明白**。就是這樣，兩個落難的人（過去式與現在式）彼此連結，邊哭邊講，邊講邊笑，心靈的重擔好像輕減了不少。

「沒想到跟你聊完以後，感覺輕鬆了！」那就好了。如果我一雙聆聽的耳朵、一個點頭的體會，讓你抒懷，也就讓我對過往的危難疾苦，多了一分明白。

又像這天，剛中過風的她，一拐一拐地走過來。

「我特地找你，因為知道你曾因輕微中風住院！」

「是啊，我還有手術住院啦，懷疑麻疹住進隔離病房啦，還有……」說時，感覺自己的心靈有著不同危難的一排抽屜，看她要哪一個，就抽那個出來跟她細說。

「你剛中過風，要更小心二度中風，一定一定不可以讓自己太勞累！」這是昔日醫生再三告誡我的，還加一句：「二度中風可能傷得更重，不像你這趟那麼輕微。」我把這番話也如實相告給老友，希望她好好保重。見面後幾天，我還 WhatsApp 問候她，這天她傳來了一句：「Yes Madam!」我莞爾一笑，知道她真的聽懂了。

自從生命出現不同的經歷，我都視之為一個「落難寶藏」，

如果我一雙聆聽的
耳朵、一個點頭的
體會，讓你抒懷，
也就讓我對過往的
危難疾苦，多了一
分明白。

好好學習之、收藏之，好讓我跟各方**落難朋友**，**結為同盟**。因著共同的滄桑經歷，我們一見面就不用多談細節，總是能暢所欲言，也因著明白彼此曾經歷的苦況，更會格外扶持珍惜。

就像這天，我特意拜訪遭逢不幸的她，看著她那種「生不如死」的苦痛，惟一可以做的，就是讓她伏在我的肩膀上，痛哭流淚直至情緒穩定下來。

「好一點嗎？」輕輕拍她的背。

「好多了，大哭一場，真的好多了！不好意思啊！」她擦擦眼淚，始發覺哭濕了我的上衣。

「不要緊，別說不好意思！放膽哭出來，才是勇氣。」我豎起拇指稱讚她。

她笑了，終於見她笑了。的確，面對摯愛突然離開，有誰受得住呢？

「你的老公孩子都在，但你好像很明白似的？」

「是啊，因為我也經歷過摯愛的猝逝，那是我的媽媽。」二十多年前喪母的哀傷，如今仍歷歷在目。

曾有一位校長把落難的朋友介紹給我認識，讓我大惑不解。

「你為何介紹她來找我，她不是見過心理醫生嗎？」

「是啊，但那是醫生，她要找一位用心聽她，且有相同經歷的人。」

「那為何想到是在下？」

「因為聽說你經歷了很多苦難！」哈哈，原來如此。這個標籤，我不反對，因為是事實。

是的，走過這些日子，我的落難盟友愈來愈多。她們有些滿心感激，問我可以怎樣回報？我說不用。如果覺得這種陪伴結盟有效，那是因為主奇妙的安排，而這句經文就是我的落難格言：

「我們在一切患難中，他就安慰我們，叫我們能用神所賜的安慰去安慰那遭各樣患難的人。」（林後一4）

如果真想回報的話，就用所領受的安慰，去安慰身邊遭遇各樣患難的朋友吧！

在風浪中最愚蠢的應對是按著舊路走，讓我們以為走投無路。

面對人生大浪的十想

1 別以為熬過人生風浪，後來的都懂得應付。其實不然。

2 每一趟的大浪，都揭穿我們心靈的一張底牌。

3 誰都想賴在舒適區不走，怎知一場巨浪捲來就將我們沖走。

4 每一趟的打擊，都是直逼靈魂深處的懼怕與傷害。

5 風浪中我們要面對和接受的，是那個脆弱自私的自己。

6 試檢視這些痛苦，真是現實打擊還是被過去纏累的反應？

7 在風浪中最愚蠢的應對是按著舊路走，讓我們以為走投無路。

8 在人生最艱難的歲月，讓人學會了謙卑等待與安靜。

9 在那些無法言說的痛楚中，記得告訴自己：這些日子總會過去。

10 主的話語跟同在，是面對人生遽變最有力的杖與竿。

23

Inner voice

醒覺

如果發現自己以為的世界跟外在的世界存在差異，
乃醒覺的起點。
人生有些功課，是要受過教訓，
吃過虧，才會恍然大悟。

接受現實，記住教訓……

這個晚上，跟相識數十載的他倆無所不談。談人生，談兒女，談身體，更談到服事。

她問起誰誰誰，「他已離開神了！」我回答。

「怎麼可能？他過去不是教會長輩眼中的寵兒嗎？怎會離開信仰？」

我不清楚，但知道他的的確確離開教會，也不再承認自己是基督徒。

「還有她呢？仍在服事的路上嗎？」

「唉！她也成了逃兵，聽說後來嫁了人，還離了婚。」我回答得好像事情該是這樣「自然而然」地發展。

「怎麼可能？服事的路不是甘甜的嗎？我們以前不是常唱 there is joy in serving Jesus 嗎？」

不錯，服事的路有喜樂，但通常都是先苦後甜。

那種苦，可能是跟人相處不來的苦，或不被上級欣賞的苦，甚或經歷權力的拉扯而受傷害。

「怎麼可能？我們都是信耶穌，也說自己跟隨主，是耶穌的門徒。」（說真的，耶穌的門徒也有爭誰為大，也有出賣祂的。）

可是，人有人的本性、軟弱，跟人合作相處起來，就會原形畢露。

回想過去，從剛出道當宣教士，至在機構的服事，在教會或不同崗位的參與，都深深見證著人性的美麗與醜惡，人與人之間的溫柔與暴烈。正因為如此，所以教會會分裂，會有人離開，也有人與人之間的彼此攻擊。我嘗試這樣解釋給他聽。

「但不是說信仰的實踐就是彼此饒恕，切實相愛嗎？」

不錯，這是一個我們共同努力的目標，也是實踐耶穌的教訓。但世人（也包括我）當然也有血氣的一面，讓衝動與己見沖昏了頭腦時，就會產生分裂離異。我們對待婚姻的關係如是，對待教會亦然。

其實，服事三十多年以來，看盡人間的悲歡離合，教會內外不同的嘴臉，如果拿那把「愛人如己」的尺去量度，我們都是有虧欠的人。問題只是虧欠多少，還有就是「有否改過」。

除此以外，在服事的路上，也學了幾個沉痛的教訓：

一是「即使你覺得事情應該是這樣行，也得到眾人的認同，但老闆看不見，就是看不見」。很多時候，自以為人多勢強好辨其實，服事三十多年以來，看盡人間的悲歡離合，教會內外不同的嘴臉，如果拿那把「愛人如己」的尺去量度，我們都是有虧欠的人。問題只是虧欠多少，還有就是「有否改過」。

事，但要明白讓一頭大笨象改變走路的方向，一定要他的「頭與眼目」看見，才能改變走的路向。否則，任憑你的聲音有多大，都只是空喊，難以成就的。更殘酷的現實是：別以為有人「撐」就可以撐住，到緊張關頭，才真的看清誰是真撐，誰只是隨口說說不會負責的，而更大的可能是，自己被逼離場。

二是「說一就一，說二就二，說走就走，不要久留」。做人要灑脫，不要感情用事，雖然內心戀戀不捨，但就是要狠心、撇脫一些，千萬別心軟，滿以為「難捨難離」就會被「珍惜」。不，我相信「保守有時，捨棄有時；撕裂有時，縫補有時；靜默有時，言語有時」（傳三6～7），萬物都有定時。特別是我這種用情甚深的人，一定要學會這個功課，不能再「拖泥帶水」做人，否則只會滿身傷痕。

三是「愛這個惡那個是人性，無論我們接納與否」。人總會偏心的，喜歡這個，提拔那個。「人家這樣無能也被選上，自己卻偏偏連提名的機會也沒有」，那種酸溜溜的感覺，很多人都嘗過。但這也是不爭的事實，因為我們個性口味都不一樣，物以類聚，朋友相聚如是，領導選親信也是如此。而且，每個人的時間體力有限，不可能對所有人都一視同仁，只能選取某些合乎心意的「重點栽培」，外人看來可以說是「排除異己」，但在領導眼中，只是將「可造之材」加以提拔吧了。

同樣道理，也可應用在教會內人與人之間的相處。曾聽過一些弟兄姊妹說，教會牧者好像總愛跟某些人相處，但對一些人卻十分冷淡，我的回應是：

「當然會啦！這是教牧常被人詬病的課題，一方面因為他們要輔導關心會友；另一方面，因為他們時間有限，關心不了那麼多！」但更重要的是，想被「埋身」關心的人委實太多，會眾中也總有看不過眼的，便會發怨言了。

「但為何牧者總是關心那幾個？其他的人呢？」他聽罷，仍是大惑不解。

我深信，如果來求助的，牧者總會來者不拒，有需要的羊總是想辦法來尋求幫忙。只是幫了忙，給了意見，對方是否會聽得進去？若不聽，還是要來苦苦糾纏怎辦？總不能因為一個人而放棄對其他人的關心吧。

但如果要跟牧者做朋友，那就是另一個層次。牧者是可以選擇的，正如你我也會選擇朋友一樣，志同道合趣味相投的，就會多交往，至於那些三兩句就知「話不投機」的，保持距離就是。

「老兄，其實我們跟你們來往，也可能有人說為何是你們的啊！有沒有想過？」見他仍聽不明白，我忍不住作了這樣的「舉例」，可能太直吧！

「是啊，你說得對。我們也是選擇跟你倆交心，有何不可？」

所以，沉痛教訓的**第四點是：「旁人總愛講話說三道四，隨便他們，我們要忠於上帝，忠於自己就是。」**這年頭，總會有些不認識的人來指指點點，滿以為自己擁有真理。以前會動氣回應，現在是「充耳不聞」，因為不值得，也沒必要。人生餘下的歲月不知有多少，還是好好活出上主的召命，繼續作鹽作光，成為一道橋梁，讓更多人能聽到福音的好信息。

那天，臨別的時候，我們兩對夫妻，彼此拍拍肩膀，這樣道別：

這年頭，總會有些不認識的人來指指點點，滿以為自己擁有真理。以前會動氣回應，現在是「充耳不聞」，因為不值得，也沒必要。

「往前看吧！過去的就讓它過去，我們也不能明白那麼多。下次再會！」

服事的路上，素來都是荊棘滿途。但重要的是，有同行的盟友，並時刻警惕自己，要時常省察：「不要把神的旨意與自己的想望混淆，甚至將私意解讀成神的心意。」就夠！

反思過去的十條問題

1 曾訂過的人生目標，我們有否朝著前進？

2 走過的路，有否走錯或偏向的，需要怎樣糾正？

3 對過去運用時間的方式，我滿意嗎？

4 我的所謂人生目標是否實際，可以量度並做得到嗎？

5 這些年來，我是一成不變，還是願意離開習慣的舒適區？

6 是甚麼原因攔住我們不敢離開安舒區呢？

7 比較過往的自己，會否變得更懂得說「不」、肯冒險創新，更成長？

8 過去痛苦難忘的經歷，到底教曉了我甚麼？

9 過去日子碰到的障礙，我是避之則吉，還是樂於面對？

10 說好的要緊緊倚靠上主，我真的有嗎？

24

Inner voice

夢想

光有夢想，不去實踐，只是空談。
無論哪個年紀，
心中都該有把不滅的夢想之火。

雙劍合璧，愈見刺激

我跟外子何志滌牧師在同一所中學唸書，同一所大學畢業，更是同一所神學院研修。稱為師兄師妹，實不為過。

但這稱呼，其實源自童年的嚮往。我是看曹達華、于素秋的武俠片長大的。喝的是粵語長片忠奸分明的奶，期望的是師兄師妹闖蕩江湖的俠侶關係。而且一直念念不忘。

雖然在工作服事的路途上，曾經他是他，我是我。甚至有人不知道我是他的太太。大家各有範疇，正所謂河水跟井水分得一清二楚。直至二十五週年結婚紀念，才出版第一本合著。後來，又有機會應邀同台一起主領講座（甚至講道）。

至前幾年外子退休，身邊的人都問：「你們兩個有何新搞作？」我們就是抓破頭皮也想不到。沒料到的是，一個「新型冠狀病毒」殺到香港，人人被逼留家工作不能外出的當下，我們忽發奇想做臉書直播（Facebook Live），見到參與人數漸多，兩個人也愈做愈興奮。

有天，女婿忽然有這樣的建議：「Mom, why don't you two start a YouTube channel?」他建議我倆開設一個 YouTube 頻道。我一聽，耍手擰頭正想拒絕，怎知女婿不肯罷休，大力催促：「你倆反正拍了那麼多短片給人家，還不如自己開一個頻道！」就是這句，打進我心。

好吧，要開就開，要試就試。坐言起行，當天就開了一個 YouTube 頻道，名為「雙劍合璧」。女兒一聽，皺了一下眉頭，說：「媽，這個名字沒多少人懂吧！」

「我年代的人一定懂，不是我年代的人也有興趣懂。」這趟，我很堅持。為甚麼？因為做了幾十年人，很多時都要聽這個那個的意見，當編輯也是大夥的決定，當作者也要跟從出版社的看法。這趟我跟外子可以全權話事，當然要做，拍我們想拍的，用我們的方式剪接演繹。兩三天就可以製作一條短片，短短三個星期可以破千訂閱，對我們來說是很大的鼓舞。

誰說「六十後」對現代科技一竅不通？我很相信阿媽教落的那句**「世上無難事，只怕有心人」**。想起四十多歲從音樂老師轉行當股票經紀的媽媽，九十歲才學水彩畫的六姨丈，有甚麼是學不會的。

所以，談到夢想的實踐，我有以下想法：

任何年齡都可以有夢想，夢想不是年輕人的專利。現在過了六十，有六十的夢想，七十，有七十的夢想，夢想是每一個人都能擁有的。

夢想不能空講，一定要實踐出來。是啊，多少次說要學剪片配音配圖，然後等待身邊年輕人指點。發覺最大的問題是他們眼明手快，手指頭在鍵盤上跳動幾下就成事，我那雙老花眼卻是跟不上。那怎麼學？問 Google 老師吧，她可是最有耐性的。

為了學會 iMovie 的剪接配音等，我看了不同的視頻，逐步逐點的去摸索，錯了又重新來過。如此這般，在一個星期閒暇的 trial and error 之下，學會了。更感化了外子，跟他說「來學學吧！我教你。」而當我能很完整地教他，其實自己也在不斷複習所學的技巧。

人家說我們老了，學不會的，別信！外面的人出於真心想我們不要太勞累，便叫我們把這些工作交給年輕的。但事實是，關於創作這回事，不是技術的問題，而是讀懂講者心意的技巧，這些共鳴感只能意會，難以言傳，還是自己來好了。

結果，我倆愈做愈上癮，每一兩天就想到要拍甚麼題材，怎樣在彼此的臉書上宣傳。我們還瘋狂至買了兩把塑膠劍，作為拍攝「雙劍合璧」的道具，女兒見我倆這樣「沉迷」，也拿咱們沒辦法。

的確，原來二人同心，夢想從過去至今年一步一步的實踐，內心的熱誠愈來愈澎拜。更有趣的是，外子每天都會跟我報告雙劍合璧頻道的訂閱數字，這種合作同盟的感覺十分強烈。

雙劍合璧，愈見刺激，是我當下的感覺。做人總不能故步自封，停在那兒，大膽踏出一步的話，就會見到康莊大道啊！

“的確，原來二人同心，夢想從過去至今年一步一步的實踐，內心的熱誠愈來愈澎湃。”

有關學習的十個啟發

1 **牙牙學語**：觀看幼兒學講話，學學他的努力吧！
2 **好學不倦**：專心學習的當下，可以拒絕睡魔來訪。
3 **學海無涯**：別以為自己學懂，原來真的沒懂。
4 **家學淵源**：上一代是個寶庫，好好求問學習。
5 **學富五車**：文憑學位是學習，但閱讀、閱歷更重要。
6 **勤學苦練**：講多沒用，一定要辛勤努力去實踐。
7 **學以致用**：每一趟的學習，都為未來作準備。
8 **教學相長**：學了再立刻實踐或告訴別人，會學得更快。
9 **真才實學**：碰到這些人（別管他的學歷）要抓住求教。
10 **自學成才**：求人不如求己，自學會懂得更多。

做了幾十年人，很多時都要聽這個那個的意見，當編輯也是大夥的決定，當作者也要跟從出版社的看法。這趟我跟外子可以全權話事，當然要做，拍我們想拍的，用我們的方式剪接演繹。

攝影：何凝

25

Inner voice

恩典

數算恩典，

想想在那些艱難日子主的不離不棄，

想想今日擁有的皆從何而來。

恩典之路，祝福滿途

這陣子，朋友見到我，都問我吃了甚麼補品，以致容光滿臉，笑口常開。我笑說：「都是上帝恩典，也是乖孫的功勞。」說真的，十多歲的我（就是封面照那個我，如果你認不出來的話），從沒想過懇求上主讓我走上寫作的路，結果就走上了。

更沒想到，遭遇喪親之痛，以為痛不欲生的感覺，可以延伸至關心同樣遭遇的人。

又或者，經歷了多場大小手術，進出醫院十多次，現在還是精神奕奕，被友人形容為「神采飛揚」。

又或者，在人生屢敗屢戰，屢次跌倒以為翻不了身的當下，卻是拐一個彎，又見海闊天空，甚至陽光燦爛。像這個年頭，多次被肯定獲獎，是我想也沒想過的。

不過，**數我最開心的歲月，就是自乖孫出世**。告訴你一下我每天的生活，是怎樣被恩典包圍吧！

每天早上安靜的時間，都是聽著一些帶我進入寧靜的輕音樂。這是多年前一位姊妹告訴我的，上網可以找到很安靜的音樂，聽著躁動的心就可以安靜下來，集中思考進入上主的話。怎樣找？很簡單的，上 Google 搜索「靈修音樂」就會出現大堆視頻，選哪一類都可以。

多少個帶著重擔的早上，就是讓自己全然投入在這些音樂中，心中禱告等候，梳理紊亂的思緒，求主的靈安撫焦慮不安的心，讓一天有一個好開始，投入當天的生活。

然後，吃過簡單的早餐，我的雙腿就會忍不住跑到隔壁女兒家，探訪乖孫了。自從乖孫出世，發覺接觸新生的生命，看著小孩純真的眼神，那種對新事物的好奇與渴求，竟是一種新的動力。

舉個例子吧！乖孫最愛玩的，不是玩具，而是我的隨身物品。如他喜歡把我的手錶脫下來，戴在自己的手腕，然後又還給我。更沒想過我每天穿的一件綠色風衣，竟是他愛不釋手的玩具。他把風衣用來扮蝙蝠俠，要求婆婆跳蝙蝠舞（當然是自創亂跳），可以給他的毛公仔當被來蓋的，也可以用來跟婆婆玩捉迷藏的……

乖孫最得我心的，是他的笑容。見到我扮鬼臉，會笑！見到我丟垃圾丟不進垃圾桶，會笑！見到我彈奏他最愛聽的歌，會笑！看到他最愛吃的藍莓，大笑……無論心情如何緊張焦慮，每天有足足一個小時對著一個滿臉笑容的小可愛，怎樣能不陶醉？

而當了婆婆至今，不知怎地，對逝去的媽媽竟生了多一分思念，當我看見乖孫吃我煮的帶子吃得津津有味時，就憶起母親生前對女兒的寵愛。但這些回憶也是窩心溫暖的。

那天友人問我，有否想過時光就這樣流逝，從年少無知一下子就走到兒孫在懷。是的，時間過得太快了，看著乖孫從呱呱墮地至今天能走能跑，有如眨眼之間。

時光不會等人，人卻希望他會久留。從前家庭聚會，我們是夾心階層的中層，現在嘛，卻搖身一變成了公公婆婆的長輩，真的難以想像。

不過，回想過去生命中發生的每一件事，遇上的每一個人，腦海中只出現「恩典」兩個字，**一切都是上主貼心與貼身的恩典**。無言感激，但願能繼續忠心服事，當個稱職的撒種人，將愛與關懷的種子，撒落在每一個所接觸的角落。

人過中年，仍相信要回到原始，重拾初衷，才是最快樂幸福的人生。特別乖孫出世以後，我變得更有童真童趣，一點不覺老之將臨。

恩典十是

1 恩典的美麗往往是超越我們所想所求。
2 帶著感恩的心過日子，就會看見恩典。
3 恩典是免費的，也是不用我們費心的。
4 更重要的，是恩典乃我們不配得的。
5 十字架的救贖恩典需要銘記於心。
6 受了上主厚賜的恩典，就要學習施予。
7 懂得感恩圖報當然好，但施恩莫望報更豁達。
8 恩典是曙光，讓我們窺見燦爛的未來。
9 領受恩典就好好與人慶祝，表達感激吧。
10 無論我們所處的是甚麼境況，恩典一定夠用！

如果問我想重回過去哪段歲月，我會肯定的回答：就是現在。因為當下的我，滿足，自在，安然，仍對未來充滿盼望。